最新法律文件解读丛书

民事
法律文件解读

MINSHI FALÜ WENJIAN JIEDU

人民法院出版社 编

总第233辑 2024.05

人民法院出版社

图书在版编目（CIP）数据

民事法律文件解读. 总第233辑 / 人民法院出版社编.
北京 : 人民法院出版社, 2024. 8. --（最新法律文件
解读丛书）. -- ISBN 978-7-5109-4209-9

Ⅰ. D923.05; D925.105

中国国家版本馆CIP数据核字第2024EH4742号

民事法律文件解读·总第233辑

人民法院出版社　编

责任编辑　杨　洁
出版发行　人民法院出版社
地　　址　北京市东城区东交民巷27号　邮编　100745
电　　话　(010)67550562(责任编辑)　67550558(发行部查询)
　　　　　　65223677(读者服务部)
客服QQ　2092078039
网　　址　http://www.courtbook.com.cn
E - mail　courtbook@sina.com
印　　刷　三河市国英印务有限公司
经　　销　新华书店
开　　本　787毫米×1092毫米　1/16
字　　数　115千字
印　　张　8
版　　次　2024年8月第1版　　2024年8月第1次印刷
书　　号　ISBN 978-7-5109-4209-9
定　　价　28.00元

卷首语

为正确适用2023年12月29日第十四届全国人民代表大会常务委员会第七次会议第二次修订的公司法，最高人民法院于2024年6月29日公布《最高人民法院关于适用〈中华人民共和国公司法〉时间效力的若干规定》（以下简称《公司法时间效力解释》）。本辑重点收录了《公司法时间效力解释》及其解读文章。

法答网是最高人民法院为全国四级法院干警提供法律政策运用、审判业务咨询答疑和学习交流服务的信息共享平台。法答网上线运行以来，咨询答疑质量和平台功能得到进一步优化，上下级法院业务交流顺畅高效，困扰审判一线痛点、难点问题得到及时解决。为进一步满足人民群众的多元司法需求，最高人民法院积极开展优秀咨询答疑评选工作，将具有典型性、前沿性或疑难复杂的法律适用咨询答疑陆续发布。本书特开设“法答网精选答问”栏目，精选法答网与民事审判相关的咨询答疑。

此外，本辑在“司法实务问题研究”栏目，收录了《担保人破产的实务要点探析：“双重受偿”的审查及追偿问题》一文。本文从一则担保人破产的案例出发，对上述问题从实务角度细化分析。一方面，对管理人办理担保人破产案件时需要注意的问题提供处理方案和依据；另一方面，针对相关争议问题和程序，对企业破产法及相关司法解释的修改提供建议，以期对审判实践有所裨益。

最新法律文件解读丛书

编　辑　部

兰丽专　(010) 67550626

丁丽娜　(010) 67550608

杨晓燕　(010) 67550508

杨　洁　(010) 67550562

路建华　(010) 67550660

丁寨峨　(010) 67550656

投稿邮箱：

《刑事法律文件解读》　5184621@qq.com

《民事法律文件解读》　1216921515@qq.com

《商事法律文件解读》　shangshijiedu@126.com

《行政与执行法律文件解读》　1290312696@qq.com

目录

行政法规、法规性文件与解读

司法解释、司法指导性文件与解读

部门规章、规章性文件与解读

地方司法业务文件与解读

指导案例、典型案例与解读

法答网精选答问

司法实务问题研究

行政法规、法规性文件与解读

国务院

关于实施《中华人民共和国公司法》注册资本登记管理制度的规定

（2024 年 6 月 7 日国务院第 34 次常务会议通过
2024 年 7 月 1 日国务院令第 784 号公布
自公布之日起施行）

第一条 为了加强公司注册资本登记管理，规范股东依法履行出资义务，维护市场交易安全，优化营商环境，根据《中华人民共和国公司法》（以下简称公司法），制定本规定。

第二条 2024 年 6 月 30 日前登记设立的公司，有限责任公司剩余认缴出资期限自 2027 年 7 月 1 日起超过 5 年的，应当在 2027 年 6 月 30 日前将其剩余认缴出资期限调整至 5 年内并记载于公司章程，股东应当在调整后的认缴出资期限内足额缴纳认缴的出资额；股份有限公司的发起人应当在 2027 年 6 月 30 日前按照其认购的股份全额缴纳股款。

公司生产经营涉及国家利益或者重大公共利益，国务院有关主管部门或者省级人民政府提出意见的，国务院市场监督管理部门可以同意其按原出资期限出资。

第三条 公司出资期限、注册资本明显异常的，公司登记机关可以结合公司的经营范围、经营状况以及股东的出资能力、主营项目、资产规模等进行研判，认定违背真实性、合理性原则的，可以依法要求其及时调整。

第四条 公司调整股东认缴和实缴的出资额、出资方式、出资期限，或者调整发起人认购的股份数等，应当自相关信息产生之日起 20 个工作日内通过国家企业信用信息公示系统向社会公示。

公司应当确保前款公示信息真实、准确、完整。

第五条 公司登记机关采取随机抽取检查对象、随机选派执法检查人员的方式，对公司公示认缴和实缴情况进行监督检查。

公司登记机关应当加强与有关部门的信息互联共享，根据公司的信用风险状况实施分类监管，强化信用风险分类结果的综合应用。

第六条 公司未按照本规定调整出资期限、注册资本的，由公司登记机关责令改正；逾期未改正的，由公司登记机关在国家企业信用信息公示系统作出特别标注并向社会公示。

第七条 公司因被吊销营业执照、责令关闭或者被撤销，或者通过其住所、经营场所无法联系被列入经营异常名录，出资期限、注册资本不符合本规定且无法调整的，公司登记机关对其另册管理，在国家企业信用信息公示系统作出特别标注并向社会公示。

第八条 公司自被吊销营业执照、责令关闭或者被撤销之日起，满 3 年未向公司登记机关申请注销公司登记的，公司登记机关可以通过国家企业信用信息公示系统予以公告，公告期限不少于 60 日。

公告期内，相关部门、债权人以及其他利害关系人向公司登记机关提出异议的，注销程序终止。公告期限届满后无异议的，公司登记机关可以注销公司登记，并在国家企业信用信息公示系统作出特别标注。

第九条 公司的股东或者发起人未按照本规定缴纳认缴的出资额或者股款，或者公司未依法公示有关信息的，依照公司法、《企业信息公示暂行条例》的有关规定予以处罚。

第十条 公司登记机关应当对公司调整出资期限、注册资本加强指导，制定具体操作指南，优化办理流程，提高登记效率，提升登记便利化水平。

第十一条 国务院市场监督管理部门根据本规定，制定公司注册资本登记管理的具体实施办法。

第十二条 上市公司依照公司法和国务院规定，在公司章程中规定在董事会中设置审计委员会，并载明审计委员会的组成、职权等事项。

第十三条 本规定自公布之日起施行。

司法部、市场监管总局负责人就《国务院关于实施〈中华人民共和国公司法〉注册资本登记管理制度的规定》答记者问

2024年7月1日，国务院总理李强签署国务院令，公布《国务院关于实施〈中华人民共和国公司法〉注册资本登记管理制度的规定》（以下简称《规定》），自公布之日起施行。日前，司法部、市场监管总局负责人就有关问题回答了记者提问。

问：请简要介绍一下《规定》的出台背景。

答：党中央、国务院高度重视完善中国特色现代企业制度，持续优

化营商环境。2023年12月29日，十四届全国人大常委会第七次会议通过修订后的公司法（以下简称新公司法），自2024年7月1日起施行。新公司法针对公司注册资本认缴制实践中出现的“认缴出资期限过长”“天价出资”“空壳公司”影响交易安全、损害债权人利益、扰乱市场秩序等问题，对公司注册资本认缴制作了调整，规定有限责任公司全体股东认缴的出资额由股东按照公司章程的规定自公司成立之日起5年内缴足，股份有限公司发起人应当在公司成立前按照其认购的股份全额缴纳股款。同时，规定新公司法施行前已登记设立的公司（以下称存量公司）出资期限超过规定期限的，应当逐步调整至规定期限以内；对于出资期限、出资额明显异常的，公司登记机关可以依法要求其及时调整；并授权国务院制定具体实施办法。全国人大常委会在审议通过新公司法时明确要求，要抓紧制定具体实施办法，在2024年7月1日与新公司法同步实施。

为落实新公司法和全国人大常委会要求，市场监管总局在深入调研、征求有关方面意见并向社会公开征求意见基础上，研究起草并向国务院报送了《国务院关于实施〈中华人民共和国公司法〉注册资本登记管理制度的规定（草案送审稿）》。司法部在立法审查中，广泛征求了中央有关单位、各省级人民政府意见，会同市场监管总局开展实地调研，召开座谈会、专家论证会听取意见建议，对重点问题反复研究，修改形成了《规定》草案。

问：制定《规定》总体思路是什么？

答：《规定》在制定过程中，坚持以习近平新时代中国特色社会主义思想为指导，深入贯彻落实党中央、国务院关于优化营商环境的决策部署，遵循以下总体思路：一是坚持问题导向，聚焦存量公司适用新公司法问题，完善过渡期相关制度安排；二是坚持稳妥推进，兼顾法律统一实施和存量公司实际，合理明确存量公司调整出资期限的时限要求，推动公司注册资本登记管理制度改革平稳过渡；三是坚持统筹协调，在新公司法框架内补充完善相关规定，同时做好与《企业信息公示暂行条例》等行政法规的衔接。

问：为落实新公司法关于存量公司调整出资期限要求，《规定》重点作了哪些规定？

答：为推动新公司法平稳施行，消除存量公司对于调整出资期限不确定的担忧，为存量公司调整出资期限预留较为充裕的时间，《规定》根据我国当前存量公司数量和出资情况，并结合有关方面的意见建议，为存量公司调整出资期限，设置了3年的过渡期，具体而言：一是有限责任公司剩余认缴出资期限自2027年7月1日起超过5年的，应当在2027年6月30日前将其剩余认缴出资期限调整至5年内，股东应当在调整后的认缴出资期限内足额缴纳认缴的出资额；二是股份有限公司的发起人应当在2027年6月30日前按照其认购的股份全额缴纳股款。此外，《规定》在遵循新公司法基本原则和要求前提下，对涉国家利益或者重大公共利益的存量公司出资期限调整作出例外安排，规定公司生产经营涉及国家利益或者重大公共利益，国务院有关主管部门或者省级人民政府提出意见的，国务院市场监督管理部门可以同意其按原出资期限出资。

问：对于公司出资异常问题，《规定》主要作了哪些规定？

答：针对当前一些存量公司认缴出资期限过长、注册资本过高，不符合实际情况甚至有悖常识的问题，《规定》根据新公司法要求，规定公司出资期限、注册资本明显异常的，公司登记机关可以结合公司的经营范围、经营状况以及股东的出资能力、主营项目、资产规模等进行研判，认定违背真实性、合理性原则的，可以依法要求其及时调整。

问：公司调整出资期限等需要履行哪些义务？未按规定履行义务将面临什么后果？

答：根据新公司法和《企业信息公示暂行条例》，《规定》细化了公司调整出资期限等有关义务：一是公司调整股东认缴和实缴的出资额、出资方式、出资期限或者发起人认购的股份数的，应当依法向社会公示。二是公司登记机关对公司公示认缴和实缴情况进行监督检查，根据公司的信用风险状况实施分类监管。三是公司未按照《规定》调整出资期限、注册资本的，由公司登记机关责令改正；逾期未改正的，由公司登记机关在国家企业信用信息公示系统作出特别标注并向社会公示。此外，对于公司的股东或者发起人未依法履行实缴义务，或者公司未依法公示有关信息的，依照新公司法和《企业信息公示暂行条例》的有关规定予以处罚。

问：对于新公司法中的公司强制注销制度，《规定》作了哪些细化规定？

答：为清理名存实亡的“僵尸公司”，更好推动公司注册资本登记管理制度落地实施，《规定》对新公司法中的公司强制注销规定作了细化：一是公司自被吊销营业执照、责令关闭或者被撤销之日起，满 3 年未向公司登记机关申请注销公司登记的，公司登记机关可以通过国家企业信用信息公示系统予以公告，公告期限不少于 60 日；二是公告期内，相关部门、债权人以及其他利害关系人向公司登记机关提出异议的，注销程序终止；三是公告期限届满后无异议的，公司登记机关可以注销公司登记，并在国家企业信用信息公示系统作出特别标注。

问：《规定》要求上市公司依照公司法和国务院规定，在公司章程中规定在董事会中设置审计委员会，主要考虑是什么？

答：新公司法规定，股份有限公司可以按照公司章程的规定在董事会中设置审计委员会，行使监事会的职权，不设监事会或者监事。我国资本市场于 2001 年首次在上市公司治理结构中引入审计委员会制度。2018 年中国证监会发布的《上市公司治理准则》将审计委员会确定为上市公司必设机构。目前，所有上市公司均设置了审计委员会。审计委员会在强化对公司内部控制、财务信息监督等方面发挥了积极作用。2023 年 4 月，为进一步优化上市公司独立董事制度，国务院办公厅印发《关于上市公司独立董事制度改革的意见》，明确要求上市公司董事会应当设置审计委员会。为落实新公司法和《关于上市公司独立董事制度改革的意见》要求，《规定》明确上市公司依照公司法和国务院规定，在公司章程中规定在董事会中设置审计委员会，并载明审计委员会的组成、职权等事项。下一步，中国证监会将出台配套制度规则，细化上市公司审计委员会的组成、职权等规定，为上市公司审计委员会运作和更好发挥作用提供具体指引和保障。

问：《规定》施行后，还将重点做好哪些工作？

答：市场监管总局将和有关部门共同做好《规定》贯彻实施工作：一是开展宣传解读。充分结合地方实际，通过制定办事指南、宣传手册、视频动画等方式在市场监管部门官网、办事大厅、登记注册界面等加强政策解读，帮助企业准确把握《规定》要求，解决登记过程中遇到的困难和问题。二是出台配套规章。加快制定公司登记注册的实施办法等规章，对生产经营涉及国家利益或者重大公共利益的可以按原出资期限出资的具体情形、注册资本明显异常的具体认定和处理、公司另册管理制度等作细化规定；修订企业信息公示配套规章，完善企业信息公示和信用监管相关要求。三是做好相关保障。改造升级经营主体登记注册系统和国家企业信用信息公示系统，完善登记申请文书和材料规范，持续优化登记注册办理流程，提升登记效率，不断提高公司办事体验和满意度。

（来源：司法部网站）

司法解释、司法指导性文件与解读

最高人民法院

关于适用《中华人民共和国公司法》时间效力的若干规定

法释〔2024〕7 号

（2024 年 6 月 27 日最高人民法院审判委员会第 1922 次会议通过
2024 年 6 月 29 日最高人民法院公告公布
自 2024 年 7 月 1 日起施行）

为正确适用 2023 年 12 月 29 日第十四届全国人民代表大会常务委员会第七次会议第二次修订的《中华人民共和国公司法》，根据《中华人民共和国立法法》《中华人民共和国民法典》等法律规定，就人民法院在审理与公司有关的民事纠纷案件中，涉及公司法时间效力的有关问题作出如下规定。

第一条　公司法施行后的法律事实引起的民事纠纷案件，适用公司法的规定。

公司法施行前的法律事实引起的民事纠纷案件，当时的法律、司法解释有规定的，适用当时的法律、司法解释的规定，但是适用公司法更有利于实现其立法目的，适用公司法的规定：

（一）公司法施行前，公司的股东会召集程序不当，未被通知参加会议的股东自决议作出之日起一年内请求人民法院撤销的，适用公司法第二十六条第二款的规定；

（二）公司法施行前的股东会决议、董事会决议被人民法院依法确认不成立，对公司根据该决议与善意相对人形成的法律关系效力发生争议的，适用公司法第二十八条第二款的规定；

（三）公司法施行前，股东以债权出资，因出资方式发生争议的，适用公司法第四十八条第一款的规定；

（四）公司法施行前，有限责任公司股东向股东以外的人转让股权，因股权转让发生争议的，适用公司法第八十四条第二款的规定；

（五）公司法施行前，公司违反法律规定向股东分配利润、减少注册资本造成公司损失，因损害赔偿责任发生争议的，分别适用公司法第二百一十一条、第二百二十六条的规定；

（六）公司法施行前作出利润分配决议，因利润分配时限发生争议的，适用公司法第二百一十二条的规定；

（七）公司法施行前，公司减少注册资本，股东对相应减少出资额或者股份数量发生争议的，适用公司法第二百二十四条第三款的规定。

第二条　公司法施行前与公司有关的民事法律行为，依据当时的法律、司法解释认定无效而依据公司法认定有效，因民事法律行为效力发生争议的下列情形，适用公司法的规定：

（一）约定公司对所投资企业债务承担连带责任，对该约定效力发生争议的，适用公司法第十四条第二款的规定；

（二）公司作出使用资本公积金弥补亏损的公司决议，对该决议效力发生争议的，适用公司法第二百一十四条的规定；

（三）公司与其持股百分之九十以上的公司合并，对合并决议效力发生争议的，适用公司法第二百一十九条的规定。

第三条　公司法施行前订立的与公司有关的合同，合同的履行持续至公司法施行后，因公司法施行前的履行行为发生争议的，适用当时的法律、司法解释的规定；因公司法施行后的履行行为发生争议的下列情形，适用公司法的规定：

（一）代持上市公司股票合同，适用公司法第一百四十条第二款的规定；

（二）上市公司控股子公司取得该上市公司股份合同，适用公司法第一百四十一条的规定；

（三）股份有限公司为他人取得本公司或者母公司的股份提供赠与、借款、担保以及其他财务资助合同，适用公司法第一百六十三条的规定。

第四条 公司法施行前的法律事实引起的民事纠纷案件，当时的法律、司法解释没有规定而公司法作出规定的下列情形，适用公司法的规定：

（一）股东转让未届出资期限的股权，受让人未按期足额缴纳出资的，关于转让人、受让人出资责任的认定，适用公司法第八十八条第一款的规定；

（二）有限责任公司的控股股东滥用股东权利，严重损害公司或者其他股东利益，其他股东请求公司按照合理价格收购其股权的，适用公司法第八十九条第三款、第四款的规定；

（三）对股份有限公司股东会决议投反对票的股东请求公司按照合理价格收购其股份的，适用公司法第一百六十一条的规定；

（四）不担任公司董事的控股股东、实际控制人执行公司事务的民事责任认定，适用公司法第一百八十条的规定；

（五）公司的控股股东、实际控制人指示董事、高级管理人员从事活动损害公司或者股东利益的民事责任认定，适用公司法第一百九十二条的规定；

（六）不明显背离相关当事人合理预期的其他情形。

第五条 公司法施行前的法律事实引起的民事纠纷案件，当时的法律、司法解释已有原则性规定，公司法作出具体规定的下列情形，适用公司法的规定：

（一）股份有限公司章程对股份转让作了限制规定，因该规定发生争议的，适用公司法第一百五十七条的规定；

（二）对公司监事实施挪用公司资金等禁止性行为、违法关联交易、不当谋取公司商业机会、经营限制的同类业务的赔偿责任认定，分别适用公司法第一百八十一条、第一百八十二条第一款、第一百八十三条、第一百八十四条的规定；

（三）对公司董事、高级管理人员不当谋取公司商业机会、经营限制的同类业务的赔偿责任认定，分别适用公司法第一百八十三条、第一百八十四条的规定；

（四）对关联关系主体范围以及关联交易性质的认定，适用公司法第一百八十二条、第二百六十五条第四项的规定。

第六条 应当进行清算的法律事实发生在公司法施行前，因清算责任发生争议的，适用当时的法律、司法解释的规定。

应当清算的法律事实发生在公司法施行前，但至公司法施行日未满十五日的，适用公司法第二百三十二条的规定，清算义务人履行清算义务的期限自公司法施行日重新起算。

第七条 公司法施行前已经终审的民事纠纷案件，当事人申请再审或者人民法院按照审判监督程序决定再审的，适用当时的法律、司法解释的规定。

第八条 本规定自2024年7月1日起施行。

解读《最高人民法院关于适用〈中华人民共和国公司法〉时间效力的若干规定》

王毓莹*

自2024年7月1日起，2023年修订的公司法（以下简称新法，2018年修正的公司法以下简称旧法）开始施行。为解决新法实施后新法和旧法的衔接适用问题，最高人民法院于2024年6月29日发布《最高人民法院关于适用〈中华人民共和国公司法〉时间效力的若干规定》（以下简称《新公司法时间效力解释》），《新公司法时间效力解释》将与新法同步施行。《新公司法时间效力解释》共计8个条文，主要内容包括：公司法时间效力的一般规定及有利溯及规则、民事法律行为效力的有利溯及规则、合同履行的有利溯及规则、新增规定的空白溯及规则、细化规定的溯及适用规则、清算责任的法律适用、既判力优于溯及力规则以及生效时间。以下，笔者结合自身对公司法的研究与相关案件的裁判经验，对《新公司法时间效力解释》进行逐条解读，以求教于方家。

一、第一条（时间效力的一般规定及有利溯及规则）解读

本条旨在说明新法原则上没有溯及既往的效力，但是基于立法目的考量，明确列举了七种有利溯及情形。关于何为有利溯及，一般的理解是新法溯及适用应当对各方当事人均更加有利，或者至少是对一方更加有利的同时，不减损另一方在原法秩序下的应有权益，不破坏另一方在

* 中国政法大学教授。

原法秩序下的合理预期。但是在两造对立的公司纠纷裁判中，当事人之间普遍存在利益冲突，事后很难简单地判定适用新法是否就是有利溯及，因此需要有足够的司法智慧进行综合判断，是否减损应有权益、破坏合理预期，要辩证地而不是机械地看待问题，要结合新法和旧法的共同立法目的、价值取向、基本原则、公序良俗等因素综合考虑，而不能仅囿于某一具体条款文义简单判断。基于此，本条使用了“适用公司法更有利于实现其立法目的”的表述，可见基于立法目的的综合判断，是有利溯及的一个基本考量判断指标，可以简单理解为有利溯及不仅要对当事人更有利，还要符合立法目的。

例如，本条第二款第一项规定：“公司法施行前，公司的股东会召集程序不当，未被通知参加会议的股东自决议作出之日起一年内请求人民法院撤销的，适用公司法第二十六条第二款的规定。”关于公司决议可撤销，旧法统一规定了60日的客观除斥期间。实践中存在大量的“抽屉决议”，即公司不通知部分股东参会径直作出决议，未被通知参会的股东待知道存在该决议时60日的客观除斥期间已经经过，导致其权利无法得到救济。新法针对未被通知参加股东会这一情形专门规定了60日的主观除斥期间和1年的客观除斥期间，兼顾了股东权利救济和公司决议的安定性需求，填补了旧法的漏洞，体现了新法在股东权利救济与决议稳定性之间寻求平衡的立法目的，所以适用新法是有利溯及。

又如，本条第二款第二项规定：“公司法施行前的股东会决议、董事会决议被人民法院依法确认不成立，对公司根据该决议与善意相对人形成的法律关系效力发生争议的，适用公司法第二十八条第二款的规定。”该项是关于瑕疵决议外部效力的规定。此前《最高人民法院关于适用〈中华人民共和国公司法〉若干问题的规定（四）》［以下简称《公司法解释（四）》］及民法典对无效决议、可撤销决议的外部效力作出了明确规定，独留决议不成立此一瑕疵情形的外部效力未作规定。基于法律的一体适用考量，各类瑕疵决议应当适用同样的外部效力规则，所以新法统一作出了明确规定，体现了追求法律平等适用的立法目的，且对于外部第三人而言是有利的。

再如，本条第二款第三项规定："公司法施行前，股东以债权出资，因出资方式发生争议的，适用公司法第四十八条第一款的规定。"尽管旧法未明确允许债权出资，但是包括旧法在内的各项法律、行政法规也未禁止债权出资。此前的市场主体登记管理条例实施细则第十三条也规定"依法以境内公司股权或者债权出资的，应当权属清楚、权能完整，依法可以评估、转让，符合公司章程规定"。最为关键的是，商事实践中债转股等操作模式十分普遍，债权出资的市场合理预期早已有之，适用新法规定不仅扩充了出资形式，有利于投资创业，也未破坏市场预期。

限于篇幅，后面四项内容不再列举解释。

二、第二条（民事法律行为效力的有利溯及规则）解读

法律行为无效缓和主义是当今民商事立法、司法裁判的基本态度，即尽量让行为有效而非无效，法律如需介入可在履行环节介入而不直接在效力环节作无效规定、判定，以免损害私法自治。比如，侵犯股东优先购买权的股权转让合同，以前很多法院是作无效认定，后来《公司法解释（四）》规定的是合同有效，但是其他股东可以以主张优先购买权的方式阻断履行；又如，针对与目标公司对赌合同的争议，此前的"对赌协议第一案"形成的是"与目标公司对赌无效规则"，而《全国法院民商事审判工作会议纪要》第5条则是原则上承认此类合同的有效性，把效力判定路径改为履行判定路径。基于这一立法、司法裁判的态度、趋向，对同一类行为，旧法规定无效而新法规定有效的，适用新法是一种契合立法目的、私法自治精神的有利溯及，本条所列三种情形是有利溯及规则的体现。

三、第三条（合同履行的有利溯及规则）解读

此前很长的历史时期内，由于旧法未作相关规定，对能否代持上市公司股票、上市公司能否交叉持股以及股份公司可否进行财务资助这三项事宜在实践中争议很大。例如，2017年最高人民法院审理的“伟某某策股权代持案”中，最高人民法院认定代持上市的保险公司股票协议无效，引发强烈反响。经过多年的裁判经验探索，人们逐渐认识到前述三类情形原则上应当被禁止，否则会波及社会公共利益，因此新法作了禁止性规定。但是基于有利溯及规则，对于新法施行前已经履行完毕的合同，仍适用旧法。对于尚未履行的部分，尽管不再认定合同无效，但是依据新法应阻断其履行。

四、第四条（新增规定的空白溯及规则）解读

仅从形式上看，立法的新增规定意味着旧法中完全没有相关规定（包括原则性规定），既然如此，当事人似乎也无相关预期，直接适用新法似乎并不违反当事人预期。不过对于此类空白溯及，要更侧重于考量新法溯及适用是否与旧法无规定情况下填补法律漏洞具有同样的正当性，或同样没有减损民事主体预期利益。简言之，新法能否空白溯及，要以法律漏洞填补作为参照系，若新法有效地填补了旧法的漏洞，且不明显背离当事人合理预期，则适用新法。例如，本条第一项规定：“股东转让未届出资期限的股权，受让人未按期足额缴纳出资的，关于转让人、受让人出资责任的认定，适用公司法第八十八条第一款的规定。”该项针对的是未届出资期限股权转让出资责任承担问题，旧法未作相关规定，在注册资本全面认缴制实施后该问题引发了很大争议，司法裁判也不统一，新法对此规定由受让人承担出资责任、转让人承担补充责任，该规则既兼顾了各方利益，又具备可操作性，是立法过程中各方观点的最优选，有效填补了旧法的立法漏洞，且不违背当事人合理预期，

因此应当适用新法规定。又如，本条第三项规定："对股份有限公司股东会决议投反对票的股东请求公司按照合理价格收购其股份的，适用公司法第一百六十一条的规定。"针对异议股东回购请求权，旧法只在有限责任公司层面作了规定，但是，股东人数较少的股份公司内部治理生态与有限责任公司别无二致，所以新法针对股份公司新增了异议股东回购请求权，填补了旧法的立法漏洞，且对于股份公司股东尤其是小股东而言是利好规定。因此，应当溯及适用。

五、第五条（细化规定的溯及适用规则）解读

本条明确列举的情形，有一个共同的特点，即新法并未在内容上改变旧法的原则性规定，主要是在操作层面作出更加具体细化的规定。比如，本条第一项规定："股份有限公司章程对股份转让作了限制规定，因该规定发生争议的，适用公司法第一百五十七条的规定。"相较而言，新法增加的内容为公司章程对股权转让作出限制时应当遵循公司章程之规定。旧法并未禁止公司章程另有规定，但也并未明确公司章程可以另有规定，因而，新法实际是细化了旧法的规定，并未破坏当事人的预期，也符合有利溯及规则。又如，本条第二项规定："对公司监事实施挪用公司资金等禁止性行为、违法关联交易、不当谋取公司商业机会、经营限制的同类业务的赔偿责任认定，分别适用公司法第一百八十一条、第一百八十二条第一款、第一百八十三条、第一百八十四条的规定。"新法相对于旧法并未改变、增加相关主体的法律责任，只是对责任认定的具体思路、方法作出更为具体的规定，适用新法不会背离当事人的合理预期，符合有利溯及规则。

六、第六条（清算责任的法律适用）解读

旧法规定，清算事由出现后 15 日内应当成立清算组进行清算。在新法实施之前，清算义务已经产生，清算责任已经归位，如适用新法将

使原应承担责任的主体（有限责任公司股东）不承担责任，而原不应承担责任的人（有限责任公司董事）替代其承担责任，实属打破合理预期，加重董事责任，违背有利溯及规则。但是应当清算的事实发生在新法实施前，而至新法实施未满 15 日的，一般而言清算组已经了解新法的相关规定，理应不按照旧法规定实施清算，所以适用新法符合当事人的合理预期。不过值得注意的是，“法不溯及既往”仍然是一般原则性规定，因此，对于清算责任问题，如应当进行清算的法律事实发生在新法施行前，则仍应适用当时的法律、司法解释的规定。

七、第七条（既判力优于溯及力规则）解读

既判力优于溯及力规则是法律适用的普遍性规则，是贯彻两审终审制的具体体现。该规则旨在维护生效裁判的稳定性。已经终审的民事纠纷案件，取得了既判力，产生不仅及于当事人还及于法院和其他机构的拘束力，为维护裁判的稳定性和权威性，防止对同一案件进行反复审理甚至是作出相互矛盾的判决，应当遵循既判力优于溯及力规则。因此，作为一项普遍性规则，第七条重申既判力优于溯及力规则。

第八条系实施时间规定，无特别之处，本文不再作解读。

法律的生命在于实施，《新公司法时间效力解释》的施行无论是对于司法机关适用法律还是法律主体对自身法律行为作出预期都提供了可靠依据，可以有效统一裁判尺度和增强司法的可预期性。

最高人民法院

关于在涉及未成年子女的离婚案件中开展“关爱未成年人提示”工作的意见

2024 年 4 月 10 日　　法〔2024〕74 号

为深入贯彻落实习近平法治思想，全面贯彻落实习近平总书记关于少年儿童工作重要指示批示精神，坚持依法能动履职，做深做实为人民司法，强化诉源治理，切实维护未成年人合法权益，根据《中华人民共和国民法典》、《中华人民共和国未成年人保护法》、《中华人民共和国预防未成年人犯罪法》、《中华人民共和国家庭教育促进法》等法律规定，结合人民法院工作实际，制定本意见。

一、充分认识“关爱未成年人提示”工作的重大意义

1. 融合贯通涉未成年人民事、行政、刑事审判职能，全面加强未成年人司法保护，是人民法院的重要职责。在涉及未成年子女的离婚案件中开展“关爱未成年人提示”工作，对影响未成年人身心健康行为进行早期预防，将防治未成年人犯罪工作关口前移，是人民法院认真贯彻落实习近平法治思想、深入践行以人民为中心发展思想的必然要求，是坚持能动履职、强化诉源治理、加强未成年人犯罪预防工作的重要

举措。

2. 推动司法保护与家庭保护、学校保护、社会保护、网络保护和政府保护有机衔接，推动全社会形成关心关爱未成年人的良好氛围，是贯彻落实最有利于未成年人原则的必然要求。在涉及未成年子女的离婚案件中开展“关爱未成年人提示”工作，对于督导父母当好合格家长，避免离婚纠纷对未成年人产生不利影响，促进未成年人身心健康具有重要意义。

二、明确目标任务

3. 引导离婚案件当事人正确处理婚姻自由与维护家庭稳定的关系，关心、关爱未成年子女，关注未成年子女健康成长的精神和物质需求。

4. 引导离婚案件当事人提升责任意识，依法履行监护职责，充分保护未成年子女合法权益，在离婚案件中以保障未成年子女健康成长为目的，妥善处理抚养、探望、财产等相关事宜。

5. 预防未成年人犯罪，最大限度防止漠视甚至侵害未成年人合法权益、伤害未成年人身心健康情形的发生，消除引发未成年人违法犯罪的各种消极因素，防患于未然。

6. 促进未成年人身心健康，为未成年人健康成长创造良好、和睦、文明的家庭环境，推动形成关心关爱未成年人的良好社会氛围。

三、把握工作原则

7. 坚持最有利于未成年人原则。在每一起涉及未成年人的案件中，充分尊重未成年人的人格尊严，适应未成年人身心发展的规律和特点，将特殊、优先、全面保护理念贯穿在案件办理及案后延伸工作的全过程。

8. 坚持德法共治原则。在涉及未成年子女离婚案件中，牢固树立新时代社会主义司法理念，大力弘扬社会主义核心价值观，注重对未成年子女人格、情感、安全利益的保护，保障未成年子女健康成长。

9. 坚持问题导向原则。立足于预防和解决司法实践暴露出的部分离婚案件当事人怠于关心、关爱未成年子女，漠视、侵害未成年子女合法权益，导致未成年子女身心受到伤害或者违法犯罪等问题，认真部署、推进工作。

10. 坚持能动履职原则。强化诉源治理，深挖未成年人犯罪及未成年人权益被侵害案件成因，溯源而治，将预防和矫治工作向前延伸，推进司法保护与其他五大保护融合发力。

11. 坚持因案制宜原则。根据案件实际情况，以当事人听得懂、能接受的语言，以便捷的方式、方法，有针对性地开展工作，讲清楚法律、道理，讲明白利害、后果，实事求是，务求实效，推进案件政治效果、法律效果、社会效果相统一。

四、突出工作重点

12. 开展"关爱未成年人提示"工作，应当依据民法典和相关法律规定，依托真实案例向离婚案件当事人提示和强调下列内容：

（1）父母对未成年子女有法定的抚养、教育、保护的义务，应当依法履行监护职责，否则应当承担法律责任；

（2）缺失父母的关心关爱，未成年子女身心健康会受到影响，严重时可能遭受侵害或者走上违法犯罪道路；

（3）解除婚姻关系应当谨慎。即使解除婚姻关系，也应当关注未成年子女心理健康和情感需求，听取有表达意愿能力未成年子女的意见，妥善处理抚养、探望、财产等相关事宜；

（4）父母任何一方均不得违背最有利于未成年人原则，以抢夺、藏匿未成年子女等方式争夺抚养权，否则可能承担不利后果；情节严重的，人民法院可予以罚款、拘留，构成犯罪的，还将依法追究刑事责任；

（5）离婚后，父母对子女仍有抚养、教育、保护的权利和义务。父母双方均应全面履行生效法律文书确定的支付抚养费、配合对方行使探望权等义务，相互协商配合，切实维护未成年子女合法权益。未成年子女造成他人损害的，父母双方应当依照民法典相关规定共同承担侵权责任。

13. 所选案例既可以体现当事人妥善处理离婚事宜后对未成年子女健康成长的积极效果，也可以揭示离婚后家庭关爱缺失、教育不到位对未成年子女产生的消极后果，以及阐释当事人未履行抚养、教育、保护义务应承担的法律责任等。

五、灵活开展工作

14. 各地人民法院可以根据实际情况，确定“提示”内容。以线上、线下等多种途径，通过口头告知、现场提示阅读、播放视频、制发“提示卡”或“提示手册”等多种形式，在立案、诉前调解、审理、执行等各阶段开展“关爱未成年人提示”工作。必要时可以结合家庭教育指导工作进行。

15. 在抚养纠纷、探望权纠纷、监护权纠纷、同居关系纠纷等涉及未成年子女的案件中，也可以参照离婚案件，开展“关爱未成年人提示”工作。

16. 上级人民法院应当加强对下指导，强化沟通协调和工作宣传，推动辖区工作深入开展，确保将最有利于未成年人原则和关爱未成年人精神贯彻落实到相关工作中。

附件：“关爱未成年人提示”模板

附件

“关爱未成年人提示”模板

父母是未成年子女的依靠。一方面，父母有抚养、教育、保护未成年子女的法定义务，不依法履行义务的，将承担法律责任；另一方面，父母是子女之源，舐犊情深，亲慈恩重。父母的抚育和关爱，直接关系未成年子女的身心健康。

1. 父母因离婚产生纠纷，子女将面临心理上、生活上的巨大变化。夫妻之间一时产生矛盾，不等同于感情确已破裂。婚姻需要经营，感情可以修复，子女的健康成长是父母的期待，也是社会的希望！请三思而后行。

2. 即使要离婚，也请保持平静和理性。子女不应成为父母发泄、转移负面情绪的对象。在离婚过程中，请一定要关注子女的心理健康、情感需求，注重心理疏导，听取他们的意见，妥善处理抚养、探望、财产等相关事宜。

3. 如果父母不能给予足够的关心、关爱、陪护和疏导，未成年子女的身心健康会受到伤害，成长可能受到影响，严重时甚至走上违法犯罪道路或者遭受不法侵害。

4. 父母与子女间的关系，不因父母离婚而消除。离婚后，父母双方对于子女仍有抚养、教育、保护的权利和义务，直接抚养一方应当妥善抚养，不得作出不利于子女身心健康的行为，否则另一方有权请求变更抚养关系；不直接抚养的一方应当积极通过见面、书信、网络等方式关心子女的生活、学习、心理状况，并依法负担相应的抚养费，否则另一方有权申请人民法院强制执行。

5. 未成年子女需要父母的关爱，离婚后，双方应当妥善处理对子女的探望事宜。不直接抚养的一方应当依照协议、人民法院判决或者调解确定的时间和方式，在不影响未成年子女学习、生活的情况下探望未成年子女，另一方应当予以协助。

6. 父母任何一方均不得违背最有利于未成年人原则，以抢夺、藏匿未成年子女等方式争夺抚养权或者阻止对方探望，否则在确定、变更抚养关系等方面可能面临不利后果。任何一方拒不履行人民法院生效判决的，人民法院可以予以罚款、拘留，对构成犯罪的，还将依法追究刑事责任。

7. 父母应当依法履行对子女的监护职责，该职责不因离婚而免除。父母存在遗弃、虐待、家庭暴力等不履行监护职责或者侵害子女合法权益情形的，不仅可能承担被撤销监护人资格等民事责任，构成犯罪的，还将被依法追究刑事责任。未成年子女造成他人损害的，父母应当依照民法典相关规定共同承担侵权责任。

寸草春晖，血浓于水！父母应当肩负起对未成年子女抚养、教育、保护的法定义务。无论婚姻如何变化，都应当一如既往，尽心尽力，携手给未成年子女创造良好的生活成长环境，给予未成年子女最温暖的爱！

相关法律

《中华人民共和国民法典》

第二十六条　父母对未成年子女负有抚养、教育和保护的义务。

第一千零六十八条　父母有教育、保护未成年子女的权利和义务。未成年子女造成他人损害的，父母应当依法承担民事责任。

第一千零八十四条　父母与子女间的关系，不因父母离婚而消除。离婚后，子女无论由父或者母直接抚养，仍是父母双方的子女。

第一千零八十六条　离婚后，不直接抚养子女的父或者母，有探望子女的权利，另一方有协助的义务。

《中华人民共和国未成年人保护法》

第十五条　未成年人的父母或者其他监护人应当学习家庭教育知识，接受家庭教育指导，创造良好、和睦、文明的家庭环境。

第十六条　未成年人的父母或者其他监护人应当履行下列监护职责：

（一）为未成年人提供生活、健康、安全等方面的保障；

（二）关注未成年人的生理、心理状况和情感需求；

（三）教育和引导未成年人遵纪守法、勤俭节约，养成良好的思想品德和行为习惯；

（四）对未成年人进行安全教育，提高未成年人的自我保护意识和能力；

（五）尊重未成年人受教育的权利，保障适龄未成年人依法接受并完成义务教育；

（六）保障未成年人休息、娱乐和体育锻炼的时间，引导未成年人进行有益身心健康的活动；

（七）妥善管理和保护未成年人的财产；

（八）依法代理未成年人实施民事法律行为；

（九）预防和制止未成年人的不良行为和违法犯罪行为，并进行合理管教；

（十）其他应当履行的监护职责。

第十七条　未成年人的父母或者其他监护人不得实施下列行为：

（一）虐待、遗弃、非法送养未成年人或者对未成年人实施家庭暴力；

（二）放任、教唆或者利用未成年人实施违法犯罪行为；

（三）放任、唆使未成年人参与邪教、迷信活动或者接受恐怖主义、分裂主义、极端主义等侵害；

（四）放任、唆使未成年人吸烟（含电子烟，下同）、饮酒、赌博、流浪乞讨或者欺凌他人；

（五）放任或者迫使应当接受义务教育的未成年人失学、辍学；

（六）放任未成年人沉迷网络，接触危害或者可能影响其身心健康的图书、报刊、电影、广播电视节目、音像制品、电子出版物和网络信息等；

（七）放任未成年人进入营业性娱乐场所、酒吧、互联网上网服务营业场所等不适宜未成年人活动的场所；

（八）允许或者迫使未成年人从事国家规定以外的劳动；

（九）允许、迫使未成年人结婚或者为未成年人订立婚约；

（十）违法处分、侵吞未成年人的财产或者利用未成年人牟取不正当利益；

（十一）其他侵犯未成年人身心健康、财产权益或者不依法履行未成年人保护义务的行为。

第十九条　未成年人的父母或者其他监护人应当根据未成年人的年龄和智力发展状况，在作出与未成年人权益有关的决定前，听取未成年人的意见，充分考虑其真实意愿。

第二十四条　未成年人的父母离婚时，应当妥善处理未成年子女的抚养、教育、探望、财产等事宜，听取有表达意愿能力未成年人的意见。不得以抢夺、藏匿未成年子女等方式争夺抚养权。

未成年人的父母离婚后，不直接抚养未成年子女的一方应当依照协议、人民法院判决或者调解确定的时间和方式，在不影响未成年人学习、生活的情况下探望未成年子女，直接抚养的一方应当配合，但被人民法院依法中止探望权的除外。

《中华人民共和国预防未成年人犯罪法》

第十六条　未成年人的父母或者其他监护人对未成年人的预防犯罪教育负有直接责任，应当依法履行监护职责，树立优良家风，培养未成年人良好品行；发现未成年人心理或者行为异常的，应当及时了解情况并进行教育、引导和劝诫，不得拒绝或者怠于履行监护职责。

《中华人民共和国家庭教育促进法》

第十四条　父母或者其他监护人应当树立家庭是第一个课堂、家长是第一任老师的责任意识，承担对未成年人实施家庭教育的主体责任，用正确思想、方法和行为教育未成年人养成良好思想、品行和习惯。

第二十条　未成年人的父母分居或者离异的，应当相互配合履行家庭教育责任，任何一方不得拒绝或者怠于履行；除法律另有规定外，不得阻碍另一方实施家庭教育。

第二十三条　未成年人的父母或者其他监护人不得因性别、身体状况、智力等歧视未成年人，不得实施家庭暴力，不得胁迫、引诱、教唆、纵容、利用未成年人从事违反法律法规和社会公德的活动。

最高人民法院　中国残疾人联合会

印发《关于为残疾人提供更加优质诉讼服务的十条意见》的通知

2024年2月26日　　法〔2024〕40号

各省、自治区、直辖市高级人民法院、残联，解放军军事法院，新疆维吾尔自治区高级人民法院生产建设兵团分院，新疆生产建设兵团残联：

现将《最高人民法院、中国残疾人联合会关于为残疾人提供更加优质诉讼服务的十条意见》予以印发，请认真贯彻落实，加快诉讼服务中心无障碍环境建设工作，更好维护残疾人合法权益。执行中遇到的重大问题，请分别报告最高人民法院、中国残疾人联合会。

最高人民法院　中国残疾人联合会
关于为残疾人提供更加优质诉讼服务的十条意见

为认真贯彻落实《中华人民共和国残疾人保障法》、《中华人民共和国无障碍环境建设法》，以新时代能动司法理念推进诉讼服务工作，切实保障残疾人平等、充分、便捷地参与诉讼活动，提升预防化解涉残疾人矛盾纠纷法治化水平，更好维护残疾人合法权益，现就为残疾人提供更加优质诉讼服务工作提出如下意见。

一、完善无障碍设施建设。各级人民法院新建的诉讼服务场所和服务设施应当符合《人民法院诉讼服务中心无障碍环境建设规范》(见附件)，既有诉讼服务场所和服务设施不符合上述建设规范的，应当进行必要改造。鼓励有条件的人民法院建设专门的无障碍法庭、无障碍调解室。地方残疾人联合会为人民法院无障碍设施建设和改造提供协助和支持。

二、加强无障碍信息交流。各级人民法院应当在诉讼服务场所为不同残疾类别的残疾人提供语音、大字、同步字幕等无障碍信息交流服务。加强人民法院在线服务等平台无障碍建设，逐步符合无障碍网站设计标准和国家信息无障碍标准，更加方便残疾人全流程在线办理诉讼事项。地方残疾人联合会应当协助人民法院建立诉讼辅助服务人员名册，方便人民法院联系预约专业人士提供盲文、手语翻译等诉讼辅助服务。

三、提供精细化诉讼服务。各级人民法院依托“厅网线巡”诉讼服务渠道，为残疾人提供精细化诉讼服务。对现场能够自主办理诉讼事项的，引导至绿色服务窗口，由工作人员耐心沟通、指导办理；对现场不能自主办理的，安排专人提供代办、帮办服务；对无法来院办理的，引导残疾人通过人民法院在线服务等平台、12368 诉讼服务热线等便利方式办理，或者提供预约立案、上门立案等服务。对符合条件的残疾人依法提供缓、减、免诉讼费等司法救助。

四、充分保障残疾人诉权。各级人民法院应当保障涉残疾人案件依法及时立案，对符合受理条件的起诉，做到“有案必立、有诉必理”。鼓励有条件的人民法院开辟绿色通道，对涉残疾人案件进行专门标识，实现优先立案、优先审判、优先执行。对符合适用小额诉讼程序、督促程序、简易程序的，在充分尊重残疾当事人意愿基础上，做好案件繁简分流，切实提高审判质量和效率，保障残疾人合法权益尽快实现。

五、建立“总对总”在线多元解纷机制。最高人民法院会同中国残疾人联合会建立“总对总”在线多元解纷机制。地方人民法院邀请残疾人联合会工作人员以及其他符合条件且愿意参与涉残疾人矛盾纠纷调解工作的组织或人员入驻人民法院调解平台，单独或者联合开展涉残疾人矛盾纠纷调解工作。

六、创新调解化解模式。地方人民法院可以会同残疾人联合会设立调解工作室或者诉讼服务站点，由法官、残疾人联合会工作人员等通过线上线下相结合的方式开展法律咨询、诉讼引导、调解化解等工作。对于交通事故致残、工伤致残、医疗致残等涉残疾人纠纷，可以在公安机关交通管理部门、劳动保障部门、医疗卫生部门等探索设立巡回办案点，联合就地化解纠纷。

七、建立涉法涉诉信访事项联动化解机制。残疾人联合会定期对残疾人反映的涉法涉诉信访事项进行梳理分析。对诉求具有一定合理性的涉诉信访事项，按照调解优先、诉访分离原则，积极引导残疾人诉前化解纠纷。对化解不成且属于人民法院受理范围的事项，协助残疾人向有管辖权的人民法院申请依法解决。残疾人所在地的残疾人联合会应当为残疾人在本地和异地人民法院的和解、调解和诉讼提供支持，促进纠纷实质性化解。

八、做实诉源治理工作。各级人民法院和残疾人联合会应当主动融入党委领导、政府主导的诉源治理格局，携手“抓前端、治未病”。各级人民法院在开展纠纷化解调解或者提供诉讼服务时，发现有关单位维护残疾人权益工作不到位或者存在侵犯残疾人合法权益情况的，应当及时向当地政府主管部门、残疾人联合会等进行报告，必要时可以向该单位发送司法建议，提出针对性治理建议，从源头预防和减少涉残疾人矛盾纠纷。

九、加强联合普法宣传。各级人民法院和残疾人联合会要针对残疾人特点和需求，创新普法宣传形式，制作普法宣传产品，联合开展以案释法、普法宣传等工作，积极引导残疾人尊法学法守法用法、增强法治观念，提高运用法治思维和法治方式解决矛盾纠纷能力水平。

十、建立沟通协调机制。各级人民法院和残疾人联合会应当加强沟通协调，定期对各地落实本意见情况进行交流会商，共同协调解决推进过程中的困难问题，通过定期情况通报、数据信息共享、召开联席会议、联合开展调研、发布典型案例等方式，持续提升诉讼服务能力水平。

附件：人民法院诉讼服务中心无障碍环境建设规范

附件

人民法院诉讼服务中心无障碍环境建设规范

1. 目的

为推动全国法院诉讼服务中心无障碍环境建设规范化、标准化、人性化，全面提升人民法院诉讼服务中心无障碍环境建设水平，制定本规范。

2. 定义

诉讼服务中心无障碍环境建设是指人民法院为残疾人、老年人等群体在诉讼服务中心自主安全地出入、通行，使用附属设施，获取、使用、交流信息，获得诉讼服务提供便利。

3. 适用范围

本规范为全国法院诉讼服务中心开展无障碍环境建设的统一规范，适用于人民法院诉讼服务中心新建、改建、扩建工程。

对既有诉讼服务场所的改造应当参照本规范执行。

4. 规范性文件引用

《中华人民共和国无障碍环境建设法》

《无障碍环境建设条例》

《最高人民法院、中国残疾人联合会关于在审判执行工作中切实维护残疾人合法权益的意见》

《最高人民法院、最高人民检察院、公安部、司法部、中国残疾人联合会关于深入学习贯彻习近平法治思想 切实加强残疾人司法保护的意见》

5. 建设原则

人民法院诉讼服务中心无障碍环境建设，应当以符合残疾人诉讼服务需求为原则，坚持从实际出发，做到因地制宜、功能适用。

6. 无障碍通行设施

诉讼服务中心应当设置以下无障碍通行设施：

（1）诉讼服务中心应当设置无障碍出入口、无障碍通道，方便残疾人出入，无障碍通道有地面高差时，应当设置轮椅坡道或缘石坡道；

（2）诉讼服务中心在建筑物二层以上的，应当设置无障碍楼梯或者无障碍电梯；

（3）诉讼服务中心出入口建有公共盲道的，应当设置室外盲道，室外盲道应当与公共盲道相连接；

（4）诉讼服务中心建有停车场的，应当设置至少一个无障碍机动车停车位。

7. 无障碍服务设施

诉讼服务中心应当设置以下无障碍服务设施：

（1）低位服务设施，包括低位导诉台、低位服务窗口、低位自助服务设备等；

（2）满足无障碍要求的厕所，或者在方便残疾人进出的男、女厕所各设置至少一个无障碍厕位；

（3）可以根据场地实际和用途在诉讼服务大厅、调解室、审判法庭等区域设置轮椅席位。

8. 无障碍标识

诉讼服务中心的无障碍设施处均应设置无障碍标识及文字说明。

9. 无障碍辅助设备

诉讼服务中心应当根据实际为不同残疾类别、等级的残疾人配备以下无障碍辅助设备：

（1）为肢体残疾人提供拐杖、轮椅等移动辅助设备；

（2）为视力残疾人提供放大镜等视力辅助设备；

（3）为听力残疾人提供无线辅听系统等听力辅助设备；

（4）为言语残疾人提供手写板等信息沟通辅助设备。

10. 无障碍诉讼资料

诉讼服务中心应当根据实际配备有声、大字、电子、盲文等无障碍版本的诉讼资料，包括诉前调解指南、立案、应诉、申请执行须知、人民法院在线服务等平台应用手册等：

（1）诉讼资料以纸质版提供的，字体字号设置应当不小于小三号，并设置合适的行间距，方便残疾人识别和使用；

（2）诉讼资料以电子版提供的，应当具备语音识别、页面字体放大或缩小等功能；

（3）诉讼资料以盲文版提供的，应当符合《国家通用盲文方案》的规范要求。

11. 人员培训管理

人民法院应当在诉讼服务中心推广使用残疾人联合会及专门协会单位制定的无障碍服务使用手册，加强对诉讼服务人员、立案人员、驻院调解员等培训及考核，进一步提高人民法院无障碍服务水平。

12. 建设标准

诉讼服务中心无障碍环境建设应当符合《建筑与市政工程无障碍通用规范》（GB 55019—2021）等国家无障碍环境建设标准的规定。

部门规章、规章性文件与解读

人力资源社会保障部办公厅　最高人民法院办公厅
司法部办公厅　全国总工会办公厅　全国工商联办公厅
中国企联办公室

关于加强新就业形态劳动纠纷一站式调解工作的通知

2024年1月19日　　人社厅发〔2024〕4号

各省、自治区、直辖市人力资源社会保障厅（局）、高级人民法院、司法厅（局）、总工会、工商联、企业联合会/企业家协会，新疆生产建设兵团人力资源社会保障局、新疆维吾尔自治区高级人民法院生产建设兵团分院、司法局、总工会、工商联、企业联合会/企业家协会：

为深入贯彻落实党的二十大报告关于“完善劳动关系协商协调机制，完善劳动者权益保障制度，加强灵活就业和新就业形态劳动者权益保障”部署要求，着力维护新就业形态劳动者劳动保障权益，现就加强新就业形态劳动纠纷一站式调解（以下简称一站式调解）工作通知如下：

一、充分认识做好新就业形态劳动纠纷调解工作的重要性。近年来，平台经济迅速发展，新就业形态劳动者数量大幅增加，新就业形态劳动纠纷随之增多，新就业形态劳动者维权难、多头跑问题凸显。各地要深入学习贯彻习近平总书记关于“坚持和发展新时代‘枫桥经验’”“坚持把非诉讼纠纷解决机制挺在前面”“抓前端、治未病”等重要指示批示精神，认真践行以人民为中心的发展思想，充分发挥协商调解在矛盾纠纷预防化解和诉源治理中的基础性作用，立足预防、立足调解、立足法治、立足基层，进一步强化多部门协同合作，实现各类调解衔接联动，推动新就业形态劳动纠纷一体化解，服务平台经济规范健康持续发展，维护劳动关系和谐与社会稳定。

二、探索构建一站式调解工作新模式。平台经济活跃、新就业形态劳动纠纷较多地区的人力资源社会保障部门、人民法院、司法行政部门、工会、工商联、企业联合会等单位应当加强合作，充分发挥劳动争议调解、人民调解、司法调解特点优势，积极探索打造“人社牵头、部门协同、行业参与”的工作格局，构建新就业形态劳动纠纷一站式多元联合调解工作模式，在劳动人事争议仲裁院调解中心或者根据实际在相关调解组织增加联合调解职能，有条件的可设立一站式调解中心，做好各类调解衔接联动工作，合力化解新就业形态劳动纠纷。

三、规范有序开展一站式调解工作。根据《中华人民共和国劳动争议调解仲裁法》《中华人民共和国民事诉讼法》及《关于维护新就业形态劳动者劳动保障权益的指导意见》（人社部发〔2021〕56 号）等法律政策，受理新就业形态劳动者与平台企业和用工合作企业（以下简称企业）之间因劳动报酬、奖惩、休息、职业伤害等劳动纠纷提出的调解申请，并根据法律法规政策规定及争议事实，遵循平等、自愿、合法、公正、及时原则，注重服务平台经济规范健康持续发展与保护劳动者合法权益并重，帮助当事人在互谅互让的基础上自愿达成调解协议，促进矛盾纠纷实质化解。

四、优化完善一站式调解流程。接到现场调解申请，应当指导申请人写明基本情况、请求事项和事实理由并签字确认；接到通过网络等渠道发来的调解申请，应当及时审核申请内容、材料是否清晰完整并告知当事人。对属于受理范围且双方当事人同意调解的，应当尽快完成受理。对不属于受理范围或者一方当事人不同意调解的，应当做好记录，并口头或者书面通知申请人。调解应当自受理之日起15日内结束，但双方当事人同意延期的可以延长，延长期限最长不超过15日。发生涉及人数较多或者疑难复杂、社会影响力大的劳动纠纷，应当及时报告相关部门，安排骨干调解员迅速介入，积极开展协商调解，并配合相关职能部门和行业主管部门做好联合约谈、现场处置等工作，推动重大集体劳动纠纷稳妥化解。

五、促进调解协议履行和调解与仲裁、诉讼衔接。经调解达成调解协议的，由一站式调解中心或者开展联合调解工作的调解组织制作调解协议书。建立调解协议自动履行激励机制，引导当事人自动履行调解协议。不能立即履行，依照法律规定可以申请仲裁审查或者司法确认的，引导当事人依法提出申请。对不属于联合调解受理范围、一方当事人不同意调解或者未能调解成功的新就业形态劳动纠纷，要依法引导当事人向有管辖权的仲裁机构申请仲裁或者向人民法院提起诉讼。

六、创新推进线上线下融合调解。充分利用人力资源社会保障部门、人民法院、司法行政部门、工会、工商联、企业联合会等单位在线调解平台，做好劳动纠纷“总对总”在线诉调对接，对符合在线调解条件的劳动纠纷开展全流程在线调解活动，包括提交调解申请、音视频调解、司法确认、法律咨询等，为新就业形态劳动者提供优质、低成本的多元解纷服务。

七、切实加强组织领导。人力资源社会保障部门、人民法院、司法行政部门、工会、工商联、企业联合会等单位要密切协作，强化组织保障，设立一站式调解中心的，由设立单位安排人员派驻、轮驻，也可吸收其他调解组织调解员、劳动争议仲裁员、劳动保障法律监督员和律师、专家学者等社会力量开展工作。积极争取交通运输、应急管理、市场监管等职能部门和行业主管部门支持，共同建立健全维护新就业形态劳动者合法权益联动工作机制。人力资源社会保障部门发挥牵头作用，做好组织协调、办案指导等工作，提供协助协商、就业帮扶等服务；人民法院根据需要设置人民法院巡回审判点（窗口）等，会同有关部门进一步畅通调解、仲裁与诉讼、执行衔接渠道，积极履行指导调解的法定职能；司法行政部门通过在一站式调解中心派驻人民调解工作室、引导激励律师参与公益法律服务等方式，做好一站式调解工作；工会、工商联和企联组织选派工作人员或者推荐行业领域专业人员积极参与一站式调解工作。相关职能部门、行业主管部门规范企业经营行为，做好综合监督工作。各单位共同加强宣传，及时总结推广经验做法，营造良好社会氛围。

人力资源社会保障部调解仲裁管理司负责人就《人力资源社会保障部办公厅、最高人民法院办公厅、司法部办公厅、全国总工会办公厅、全国工商联办公厅、中国企联办公室关于加强新就业形态劳动纠纷一站式调解工作的通知》答记者问

2024年1月19日，人社部与最高人民法院、司法部、中华全国总工会、中华全国工商业联合会、中国企业联合会联合印发《人力资源

社会保障部办公厅、最高人民法院办公厅、司法部办公厅、全国总工会办公厅、全国工商联办公厅、中国企联办公室关于加强新就业形态劳动纠纷一站式调解工作的通知》(人社厅发〔2024〕4号，以下简称《通知》)。人社部调解仲裁管理司负责人就《通知》有关问题回答记者提问。

问：请介绍一下六部门联合出台《通知》的背景和意义是什么？

答：党的二十大报告及《中共中央、国务院关于促进民营经济发展壮大的意见》都对做好新就业形态劳动者权益保障工作提出明确要求。近年来，越来越多的劳动者依托互联网平台获得就业机会，新就业形态的就业"蓄水池"和"稳定器"作用日益显现。但与之相对的，新就业形态劳动者维权难、多头跑和办理此类劳动纠纷调查取证难、事实认定难、法律政策不完善等问题突出。近年来，一些地区人社部门主动作为、创新探索，在与相关部门加强协调联动、建立工作机制、开展联合调解等方面创造了一批务实管用的经验做法。比如，四川省绵阳市人社局会同有关部门共同建立了新就业形态劳动者权益维护联合调解中心，培育建立专业化调解员队伍，推行智慧"云调解"打破地域限制，实现新就业形态劳动纠纷受理只跑一次、一体办理。广东省广州市荔湾区新就业形态劳动者权益保障中心坚持党建引领，建成区域功能型党委34个，外卖骑手流动党支部20个，搭建党委政府与新就业形态劳动者连心桥；加强源头治理，打通街道、部门、企业三个渠道，建立联席会议制度，明确重点保障内容和工作机制；加大服务力度，实现调解仲裁与行政协调、劳动维权与就业帮扶、促进就业与稳定企业有机融合。印发《通知》，是人社部等部门认真践行新时代"枫桥经验"，坚持把非诉讼纠纷解决机制挺在前面，立足预防、立足调解、立足法治、立足基层，进一步发挥协商调解前端性、基础性优势，通过柔性化方式及时妥善维护新就业形态劳动者合法权益，服务平台经济规范健康持续发展，促进民营经济发展壮大。

问：新就业形态劳动纠纷一站式调解工作的目标是什么？对于工作模式有什么考虑？

答：相较传统劳动关系，新就业形态更多呈现民事权益与劳动保障权益相互混合、难以区分。一旦发生纠纷，劳动者往往难以弄清自己为哪家企业工作、应享受哪些权益保护、应到哪些机构维权。对此，我们根据“高效办成一件事”的要求，坚持政策集成、协同联动的理念，整合调解优势资源，汇聚多部门力量，着力开展新就业形态劳动纠纷一站式调解工作，切实解决新就业形态劳动者投诉无门问题，既解“法结”，又解“心结”，实现案结事了。

具体到工作模式，《通知》明确，平台经济活跃、新就业形态劳动纠纷较多地区的人社部门、人民法院、司法行政部门、工会、工商联、企业联合会等单位应当加强合作，充分发挥劳动争议调解、人民调解、司法调解特点优势，积极探索打造“人社牵头、部门协同、行业参与”的工作格局，构建新就业形态劳动纠纷一站式多元联合调解工作模式，在劳动人事争议仲裁院调解中心或者根据实际在相关调解组织增加联合调解职能，有条件的可设立一站式调解中心，做好各类调解衔接联动工作，合力化解新就业形态劳动纠纷。

问：新就业形态劳动纠纷一站式调解如何开展？

答：受理范围方面，根据劳动争议调解仲裁法、民事诉讼法及《国家发展和改革委员会、人力资源和社会保障部、交通运输部、应急管理部、国家市场监督管理总局、国家医疗保障局、最高人民法院、中华全国总工会关于维护新就业形态劳动者劳动保障权益的指导意见》等规定，一站式调解中心或者开展联合调解工作的调解组织可受理新就业形态劳动者与平台企业和用工合作企业之间因劳动报酬、奖惩、休息、职业伤害等劳动纠纷提出的调解申请，并根据法律法规政策规定及争议事实，遵循平等、自愿、合法、公正、及时原则，帮助双方当事人在互谅互让的基础上自愿达成调解协议，促进矛盾纠纷实质化解。

调解流程方面，接到现场调解申请，一站式调解中心或者开展联合调解工作的调解组织应当指导申请人写明基本情况、请求事项和事实理由并签字确认；接到通过网络等渠道发来的调解申请，一站式调解中心或者开展联合调解工作的调解组织应当及时审核申请内容、材料是否清晰完整并告知当事人。对属于受理范围且双方当事人同意调解的，调解组织应当尽快完成受理。对不属于受理范围或者一方当事人不同意调解的，调解组织应当做好记录，并口头或者书面通知申请人。新就业形态劳动纠纷一站式调解应当自受理之日起15日内结束，但双方当事人同意延期的可以延长，延长期限最长不超过15日。

在线调解方面，《通知》要求，人社部门、人民法院、司法行政部门、工会、工商联、企业联合会等单位要充分运用已有在线调解平台，做好劳动纠纷“总对总”在线诉调对接，对符合在线调解条件的劳动纠纷开展全流程在线调解活动，包括提交调解申请、音视频调解、司法确认、法律咨询等，为新就业形态劳动者提供优质、低成本的多元解纷服务。

问：新就业形态劳动纠纷一站式调解成果有哪些保障？

答：经调解达成调解协议的，由一站式调解中心或者开展联合调解工作的调解组织制作调解协议书，推动双方当事人及时完整履行调解协议。不能立即履行，依照法律规定可以申请仲裁审查或者司法确认的，一站式调解中心或者开展联合调解工作的调解组织要引导当事人依法提出申请。

对不属于联合调解受理范围、一方当事人不同意调解或者未能调解成功的新就业形态劳动纠纷，一站式调解中心或者开展联合调解工作的调解组织要依法引导当事人向有管辖权的仲裁机构申请仲裁或者向人民法院提起诉讼。

问：将采取哪些具体措施促进《通知》的贯彻落实？

答：一是明确工作职责。《通知》明确，人社部门发挥牵头作用，做好组织协调、办案指导等工作，提供协助协商、就业帮扶等服务；人民法院根据需要设置人民法院巡回审判点（窗口）等，会同有关部门进一步畅通调解、仲裁与诉讼、执行衔接渠道，积极履行指导调解的法定职能；司法行政部门通过在一站式调解中心派驻人民调解工作室、引导激励律师参与公益法律服务等方式，做好一站式调解工作；工会、工商联和企联组织选派工作人员或者推荐行业领域专业人员积极参与一站式调解工作。二是发挥相关部门作用。积极争取交通运输、应急管理、市场监管等职能部门和行业主管部门支持，推动规范企业经营行为，做好综合监督工作。三是加强工作指导。推动企业落实劳动纠纷化解的社会责任，依法建立劳动争议调解委员会，搭建劳动者与企业沟通对话平台，强化合规管理，在用工过程中遵守相关法律政策和诚信原则，积极配合提供新就业形态劳动纠纷协商调解案件中需要的重要信息，切实做好劳动纠纷预防化解工作。

（来源：人力资源和社会保障部网站）

地方司法业务文件与解读

北京市发展和改革委员会等21部门

关于印发《北京市深化破产制度改革优化营商环境的若干措施》的通知

2024年3月15日　　　　　　　　　　京发改规〔2024〕1号

各有关单位：

为贯彻落实国家和市委市政府关于营造市场化、法治化、国际化一流营商环境工作部署，进一步深化破产制度改革，切实提升政府公共服务水平，降低经营主体退出制度性成本，打造首善标准、国际一流的“北京服务”，市发展改革委等21部门联合制定了《北京市深化破产制度改革优化营商环境的若干措施》，经市政府批准同意，现予以印发，请认真执行。

特此通知。

北京市深化破产制度改革优化营商环境的若干措施

为深入贯彻落实党中央国务院关于优化营商环境的决策部署和市委市政府工作要求，进一步深化破产制度改革，提升政府公共服务水平，着力打造首善标准、国际一流的“北京服务”，为企业高效重整和有序退出提供良好的制度保障，持续提高破产办理质效，依法保护债权人和债务人合法权益，激发经营主体活力，增强经营主体获得感，营造市场化、法治化、国际化营商环境，促进首都经济高质量发展，制定本措施。

一、完善破产企业财产处置机制

1. 允许管理人对破产财产带封处置。破产案件经人民法院裁定受理后，由管理人直接或向人民法院申请通知债权人及相关单位进行财产解封，查封单位未依法解封的，管理人无须再办理解封手续，即可对被查封财产进行处置。采用拍卖方式的，管理人拍卖时应在拍卖公告中说明该财产为带封处置，拍卖后由管理人持解除查封的协助执行通知书、案件受理裁定书、指定管理人决定书、合法受让人的身份证明以及财产转移材料，协助买受人办理解封及相关过户手续。对属于涉刑事调查、海关查封扣押等不宜带封处置的情形，需依据相关法律法规执行。（责任单位：市高级人民法院、市规划自然资源委、人民银行北京市分行、市委金融委员会办公室、北京海关、北京市税务局、市市场监管局、市公安局、各区政府）

2. 完善国有划拨土地使用权转移流程。破产企业拥有的符合城市总体规划、可以办理出让手续的国有划拨土地，经区级以上人民政府批准同意后，管理人可先行通过土地二级市场公开转让土地使用权。转让时管理人应明确告知受让方，在受让方缴纳政府土地收益及各项税费、完善用地手续后，方可依法办理土地使用权转移登记。成交后管理人依据成交确认书等文件与受让方签订国有建设用地使用权转让合同，规划自然资源部门与受让方签订土地出让合同，受让方交纳政府土地收益及各项应缴税费，管理人协助受让方完善用地手续后，受让方可持相关材料向规划自然资源部门申请办理土地权属登记。（责任单位：市规划自

然资源委、北京市税务局、各区政府）

3. 建设工程不具备规划核验条件的处置方式。对于破产企业拥有的已取得建设工程规划许可证，未经规划验收的房屋建筑（全部房屋用途，不限于历史遗留项目），属于 2002 年 1 月 1 日以前竣工的房屋建筑，按照《北京市不动产登记工作规范》的相关要求办理首次登记；属于 2002 年 1 月 1 日以后竣工但因客观原因不满足规划验收要求的房屋建筑，移送执法部门进行处理，再办理后续手续。（责任单位：市规划自然资源委、各区政府）

4. 建设工程不具备竣工验收条件的处置方式。对于破产企业拥有的已取得建筑工程施工许可证，因债务人资料缺失或第三方机构（如设计、勘察、监理等单位）不配合竣工验收等情形导致无法办理竣工验收的建设项目（全部房屋用途，不限于历史遗留项目），管理人应进行防雷检测，并委托在住房城乡建设部门备案的房屋安全鉴定机构对整栋房屋进行安全鉴定。检测鉴定结果合格的，可办理不动产登记。（责任单位：市住房城乡建设委、市规划自然资源委、各区政府）

5. 加快国有存量土地盘活再利用。促进国有破产退出企业存量土地依法依规加快进行转移登记，推动国有企业盘活利用闲置土地资源。国有企业通过改制以作价出资或入股方式取得的建设用地使用权，转让时参照以出让方式取得的建设用地使用权转让有关规定执行。（责任单位：市规划自然资源委、市国资委）

6. 建立区级不动产处置联席机制。各区政府建立本区内破产案件不动产处置联席机制，明确牵头部门，联动各区人民法院，统筹协调本区范围内的不动产处置问题。联席机制各成员单位应明确联络人员及沟通协商方式，确保联席机制落实落地。（责任单位：各区政府、市规划自然资源委）

7. 明确管理人办理不动产权限。企业进入破产程序后，管理人可以持人民法院破产案件受理裁定书、指定管理人决定书以及其他规定材

料，代表破产企业办理不动产首次登记、转移登记等各类登记。（责任单位：市规划自然资源委）

8. 健全破产企业股权变更机制。破产重整企业因出资人权益调整需要变更股东，且重整企业股权未被质押或查封的，管理人应先到被投资企业所在地的主管税务机关办理纳税申报，后持案件受理裁定书、批准重整计划裁定书、指定管理人决定书、合法受让人的身份证明等材料向登记机关申请股东变更登记，登记机关应在 5 个工作日内予以依法办理。涉及原股东持有的企业股权被质押或查封的，人民法院出具解除质押或查封协助执行通知书，登记机关协助办理解除质押或查封后，管理人持案件受理裁定书、批准重整计划裁定书、指定管理人决定书、合法受让人的身份证明等材料，向登记机关申请办理变更登记，登记机关应予以依法办理。管理人处置破产企业对外投资企业的股权，由再投资企业以其名义提交变更申请，如再投资企业不履行法定变更义务，由破产重整案件审理法院出具裁定书、协助执行通知书、协助公示执行信息需求书、合法受让人的身份证明等材料，按照司法协助执行程序办理。（责任单位：市市场监管局、市高级人民法院、各区政府）

9. 提高机动车处置效率。破产企业名下登记的下落不明机动车，管理人可向公安机关交通管理部门提出申请，请求暂停办理车辆转移登记等相关业务，公安机关交通管理部门在日常办理业务过程中将发现的机动车实际控制人信息在 5 个工作日内通知管理人和人民法院，提高机动车处置效率。管理人也可向人民法院提出申请，由人民法院通过信息共享的方式，向市交通委获取机动车道路停车时间、位置、欠费等信息。（责任单位：市公安局、市高级人民法院、市交通委）

10. 优化违法车辆记分、罚款处理机制。破产企业名下机动车因非现场交通违法行为导致记分和罚款的，在司法拍卖后，按人民法院向公安机关交通管理部门出具的协助执行通知书要求办理，买受人无须再处理记分。（责任单位：市公安局、市高级人民法院）

11. 提供破产企业京牌小客车司法处置服务。管理人可依照关于京牌小客车处置的相关规定，申请通过北京产权交易所开发的京牌小客车司法处置网络平台开展京牌小客车司法处置工作。对于京牌小客车进行司法处置的，提供评估、验车、预展、交割等一站式服务，便利管理人对车辆进行规范管理和高效处置，实现破产财产价值最大化。（责任单位：市高级人民法院、市国资委）

二、构建信用修复协同机制

12. 提供信用修复“一口申报”和信息共享服务。破产重整企业可通过“信用中国（北京）”网站“破产重整企业公示与失信信息信用修复”专栏，进行严重违法失信企业、经营异常、重大税收违法案件、行政处罚信息查询和信用修复申请等事项办理。建立“信用中国（北京）”网站与北京市各部门信用信息平台之间的信息互通共享机制，便捷查询破产重整案件信息，以及破产重整企业的行政许可、行政处罚、守信激励和失信惩戒等信用信息。（责任单位：市经济和信息化局、市市场监管局、北京市税务局、市规划自然资源委、市住房城乡建设委、市高级人民法院等涉及信用修复部门）

13. 支持企业行政处罚信用修复。最短公示期届满后，破产重整企业或管理人可通过“信用中国”网站提出行政处罚信息信用修复申请，按照“信用中国”网站信用修复流程指引要求，提交业务办理授权委托书或法定代表人身份证明书、已履行相关责任义务证明、信用信息修复承诺书等材料。企业提交信用修复申请后，市、区社会信用主管部门3个工作日内对申请材料进行形式审查。予以受理的，自受理之日起7个工作日内，经各级信用主管部门审核通过的修复申请，相关行政处罚信息由“信用中国”网站按程序终止公示。收到“信用中国”网站共享的信用修复结果信息后，“信用中国（北京）”网、区级信用网依次终止公示相应的行政处罚信息。国家部委依据法律、法规、部门规章出台相关信用信息修复制度的，从其规定。（责任单位：市经济和信息化局、市市场监管局、市规划自然资源委、市住房城乡建设委等具有行政处罚职能的政府部门和单位）

14. 支持企业市场监管信用修复。破产重整企业或管理人可到市场监督管理部门或者通过公示系统提出申请，采取移出经营异常名录、严重违法失信企业名单的方式进行市场监管信用修复。需要提交的材料包括人民法院批准重整计划裁定书、认可和解协议裁定书或重整程序终结裁定书，信用修复申请书、守信承诺书，以及国家市场监督管理总局要求提交的相关材料。申请移出经营异常名录的，市场监管部门根据市场监管总局《市场监督管理信用修复管理办法》相关规定，于收到申请之日起或查实之日起 5 个工作日内作出决定，将满足条件的企业移出经营异常名录。申请移出严重违法失信名单的，市场监督管理部门应当自受理之日起 15 个工作日内作出决定，符合移出严重违法失信名单条件的，自作出决定之日起 3 个工作日内停止公示相关信息，并依法解除相关管理措施。（责任单位：市市场监管局、市高级人民法院）

15. 支持企业纳税信用修复。破产企业或其管理人在重整或和解程序中，已依法缴纳税款、滞纳金、罚款，并纠正相关纳税信用失信行为的，可填写《纳税信用修复申请表》，对当前的纳税信用评价结果向主管税务机关申请纳税信用修复，同步提供人民法院批准的重整计划或认可的和解协议，税务机关依照规定重新评价其纳税信用级别。主管税务机关受理纳税信用修复后，原则上在 7 个工作日内完成审核，特殊情况下不超过 15 个工作日。被列为重大税收违法失信主体并进行信息公布的破产企业及相关当事人符合规定条件申请提前停止公布的，税务机关自受理之日起 15 个工作日内作出提前停止公布的决定，并将其从向联合惩戒管理部门推送的公布清单中撤出。（责任单位：北京市税务局、市高级人民法院）

16. 支持企业金融信息修复。人民法院裁定批准重整计划后，重整企业或管理人可向中国人民银行征信中心受理点申请在金融信息基础数据库中添加信息主体声明，及时反映重整进展情况。需要提交的材料包括企业信用报告异议申请表、信息主体声明申请表、人民法院的裁定书、企业营业执照、法定代表人本人身份证明材料或者法院指定管理人决定书、授权委托书等。破产重整企业或管理人成功提交信息主体声明申请后，内容符合要求的，可查询企业信用报告查看所添加声明内容。金融机构在破产程序中依法受偿后，重新上报信贷记录，展示金融机构与破产重整企业的债权债务关系，依据实际对应的还款方式将原企业信贷记录展示为结清状态。（责任单位：人民银行北京市分行、国家金融监督管理总局北京监管局、市高级人民法院）

17. 依法保障重整企业信用修复相关权益。允许符合条件的破产企业在重整计划执行期间开展招投标、融资、开具保函等业务。人民法院批准破产重整计划后，政府投资建设工程的招标人不得以存在失信信息为由，直接排除重整企业参与招标投标资格。鼓励金融机构对重整后企业的合理融资需求、担保需求依法依规予以审批，避免机械依赖征信系统中企业重整前的贷款记录或原失信信息对其申请进行否决。（责任单位：市发展改革委、市规划自然资源委、市住房城乡建设委、国家金融监督管理总局北京监管局）

三、优化涉税服务

18. 及时解除非正常户认定。人民法院裁定受理破产申请前破产企业已被主管税务机关认定为非正常户的，管理人应到税务机关办理解除非正常户认定手续，对破产企业逾期未申报行为补办纳税申报、接受处罚，税收征管系统自动解除非正常户状态，对破产申请受理前产生的应补缴税（费）款、滞纳金、罚款，税务机关依法向管理人申报债权。在破产程序中，管理人发现破产企业在破产申请受理前的非正常户期间有纳税义务的，应当及时向税务机关据实申报。（责任单位：北京市税

务局）

19. 提高债权申报效率。建立市级税务部门统一申报债权渠道，市税务局收到管理人申报债权通知后 3 个工作日内，应当向各区（地区）税务局、各相关派出机构转发申报税收债权通知，收到通知的税务机关应在 10 个工作日内向管理人申报破产企业所欠税费、滞纳金、罚款以及因特别纳税调整产生的利息。（责任单位：北京市税务局）

20. 依法办理纳税申报。破产申请受理后，企业因继续营业或者因破产财产的使用、拍卖、变现所产生的应当由企业缴纳的税费，管理人应以破产企业名义按规定申报纳税。特别是在拟定破产财产变价方案及分配方案时，管理人应考虑可能涉及的企业所得税及个人所得税。管理人应当以整个清算期间作为一个纳税年度，依法计算清算所得及其应纳所得税。企业应当自清算结束之日起 15 日内，向主管税务机关报送企业清算所得税纳税申报表等，结清企业所得税和相关个人所得税税款。管理人通过公开拍卖或者公开变卖等方式处置破产财产的，原则上以拍卖成交价或变卖成交价等公开处置价格作为相关税种的计税依据。（责任单位：北京市税务局）

21. 保障破产企业发票供应。管理人因资产处置需要发票的，可使用破产企业原有发票或管理人以企业名义向税务机关按需申领发票或到税务机关代开发票。管理人因大额资产处置等特殊情况按需申领发票，且能够提供相关材料证明资产处置合规合理性的，税务部门不得无故拒绝管理人发票申领需求。（责任单位：北京市税务局）

22. 依法给予税收政策支持。破产企业依法享受相关税收优惠政策，税务机关应依法依规开展征收管理、纳税服务工作，认真落实税收法律法规对重整企业的税收支持政策，加强对管理人纳税申报指导，就税收减免等优惠政策进行专题培训，为企业提供税收红利。（责任单位：北京市税务局）

23. 优化税务注销程序。经人民法院裁定宣告破产的企业，管理人持人民法院终结破产清算程序裁定书申请税务注销的，税务部门即时出具清税文书，按照税务总局规定核销“死欠”。税务机关在破产清算程序中依法受偿税收债权后，应当按照人民法院裁定认可的破产财产分配方案，办理税收债权清偿款的入库。(责任单位：北京市税务局)

四、健全企业注销登记制度

24. 便利破产清算企业简易注销。允许管理人持人民法院终结破产程序裁定书、指定管理人决定书、企业注销登记申请书（分支机构登记申请书）、营业执照正副本直接办理破产企业及其分支机构简易注销登记。(责任单位：市市场监管局)

25. 完善“e窗通”平台功能。在“e窗通”平台“注销一体化”模块，实现税务、社保、公积金、海关等部门注销信息的校验和共享，为破产企业及其分支机构注销登记提供全程网办服务。通过全程电子化途径申请注销登记的，企业无须缴回原纸质营业执照，由登记机关公告营业执照作废。(责任单位：市市场监管局、北京市税务局、市人力资源社会保障局、市公积金中心)

26. 完善经营主体除名机制。经营主体处于开业状态，因未按照规定的期限公示年度报告被列入经营异常名录或者被标记为经营异常状态满两年，且近两年未申报纳税的，予以除名标记。被除名标记的经营主体不得从事与清算和注销无关的活动。被除名经营主体依法移出所涉经营异常名录或者经营异常状态、恢复纳税申报的，可向属地市场监管部门申请终止除名标记，恢复原信息公示状态。（责任单位：市市场监管局)

27. 试点推进经营主体注销登记确认制改革。进一步在本市自由贸易试验区试点经营主体注销登记确认制，本市自由贸易试验区内的内资公司制企业法人（上市公司除外）及其分支机构办理注销登记可采用确认制。经营主体依照法律法规规定和章程约定，通过全流程在线自主申报法定登记、备案事项的信息内容，并对所申报内容的真实性、合法性、有效性负责，登记机关核对相关登记信息后，对符合的主体资格和登记事项结果予以确认。（责任单位：市市场监管局）

五、构建破产信息查询一站式服务体系

28. 提供破产（强制清算）信息“一窗一网”快捷查询服务。在市区两级政务服务中心设立查询专窗，便利管理人“一站式”查询企业登记、机动车、房屋交易、不动产登记、社保、医保、住房公积金、税务、海关等相关信息。在“首都之窗”网站“办好一件事”专区设立专栏，管理人可通过企业身份认证登录并扫描上传申请材料“一网通查”破产企业相关信息，查询结果反馈至管理人“统一用户空间”。管理人（清算组）查询破产企业信息需提交管理人（清算组）企业信息资料查询申请表、人民法院破产案件受理裁定书、人民法院指定管理人（或清算组）决定书、管理人（清算组）出具的授权委托书、经办人身份证件等材料。该事项原则上即时办理，特殊情况下不超过5个工作日。（责任单位：市政务服务和数据管理局、市高级人民法院、市市场监管局、市住房城乡建设委、市规划自然资源委、市人力资源社会保障局、市公积金中心、北京市税务局、北京海关、各区政府）

29. 拓展分领域信息查询服务。管理人可以破产企业名义在市区办税服务厅注销窗口或北京市电子税务局、各区规划自然资源部门不动产登记中心或北京市不动产登记领域网上办事服务平台、北京住房公积金管理中心各管理部办事大厅或住房公积金管理中心网上业务平台、各区社保（医保）中心、市公安局公安交通管理局车辆管理所（市所和分所）、北京市企业登记信息材料查询服务系统、北京市社会保险网上服务平台等查询破产企业相关信息。管理人查询破产企业规划许可证、施工许可证、竣工验收等规划建设领域信息，除可通过相关部门查询外，还可通过市、区两级政务服务中心企业破产（强制清算）信息查询窗

口、首都之窗专栏进行查询。（责任单位：市政务服务和数据管理局、市高级人民法院、市市场监管局、市住房城乡建设委、市规划自然资源委、市人力资源社会保障局、市公积金中心、市公安局、北京市税务局、各区政府）

30. 提供政府债权人债权申报“一窗办理”服务。在区级政务服务中心企业破产（强制清算）信息查询窗口，为管理人提供破产企业政府债权人债权申报与破产信息查询“一表申请，并联审批”服务。（责任单位：市政务服务和数据管理局、市人力资源社会保障局、市高级人民法院、各区政府）

六、多举措强化企业救助服务与风险化解

31. 建立破产风险监测预警机制。利用社会化方式开展经营主体困境识别和挽救价值评估，完善数据筛选管理体系，探索建立企业信用风险分类分级标准，多维度识别困境企业挽救价值，为企业进入破产重整、破产和解等程序提供辅助，助力困境企业拯救重生。（责任单位：市发展改革委、市经济和信息化局、市高级人民法院、各相关部门、各区政府）

32. 搭建庭外调解等多元化平台。由法院、工商联加强协作配合，充分发挥民营企业产权保护调解室作用，为困境企业提供低成本、多样化、集约式纠纷解决方式和专业指引。鼓励管理人协会等行业协会、商会建立多类庭外调解平台，积极推动解决困境企业在暂时性债务危机中面临的债务与经营等相关重点问题。（责任单位：市高级人民法院、市工商联、市司法局）

33. 发挥金融机构债权人委员会作用。按照《金融机构债权人委员会工作规程》相关规定，针对金融债权规模较大、存在困难的非金融企业，3 家以上持有债权的金融机构可以发起成立金融机构债权人委员会。债委会可以采取协议重组、协议并破产重整的方式，对债务企业实

施金融债务重组。债委会做好与企业破产程序中的债权人委员会、债权人会议的有效衔接，配合管理人依法制定公平合理的重整计划及债权受偿方案。对于发展前景较好、风险可控且提出的新资金需求有充分理由的重整及和解企业，债委会可以通过联合授信、组建银团贷款或封闭式融资等支持其正常运营活动。（责任单位：国家金融监督管理总局北京监管局、北京证监局、人民银行北京市分行、各区政府）

34. 加强劳动用工保障。申请破产的企业，应当向人民法院提交财产状况说明、债务清册、债权清册、有关财务会计报告、职工安置预案以及职工工资的支付和社会保险费用的缴纳情况，并主动配合依法保护职工权益。人民法院引导管理人通过财务账册、社保记录等多种途径主动、尽职调查核实破产企业所欠职工的工资、社保、伤残补助、抚恤费用等方面的情况，调查后列出清单并予以公示。各级人力社保部门为破产企业分流的登记失业人员，提供就业指导、职业介绍、职业培训等公共就业服务，按规定给予促进就业政策支持。自主创业人员按规定可申请创业担保贷款，并享受贷款贴息。就业困难人员，可按规定由社会公益性就业组织进行托底安置。（责任单位：市人力资源社会保障局、市高级人民法院）

七、多渠道支持企业重整

35. 强化管理人协会服务功能。加强企业破产管理人与投资人的业务协同和信息共享，支持管理人协会完善破产重整投融资平台功能，积极吸纳多种类型金融机构、行业重点企业以及专业服务机构，为破产企业重整提供“一站式”专业化融资服务。发挥破产预防和审前辅导专业委员会作用，推动破产企业预重整及资产处置项目的前期工作。（责任单位：市司法局、市高级人民法院）

36. 创新推广重整投资人招募模式。探索并总结“线下承诺出价+线上拍卖竞价”等竞拍方式在重整企业投资人招募中的成功经验，复制推广创新模式，吸引更多潜在投资人参与企业重整，实现债务人重整价值最大化，促进社会资源优化配置。（责任单位：市高级人民法院、各区政府）

37. 发挥多元资产处置交易平台作用。支持北京产权交易所搭建破产业务综合服务平台，发挥产权市场流转和融资功能，为各级人民法院、管理人提供破产财产处置、重整投资人招募及其他综合配套服务。通过整体营业转让、多项财产打包处置、增值后处置等适当方式，提高破产企业财产和营运价值。鼓励各类经营主体搭建平台，发挥价格发现和价值实现功能，提供线上线下融合的资产交易及配套服务体系，提高破产资产处置和企业重整效率。（责任单位：市高级人民法院、市国资委）

38. 积极发挥金融机构和专业机构的金融救助功能。银行业金融机构应当建立和完善与破产程序相衔接的金融服务工作机制，按照市场化、法治化原则，对有重整价值和可能性、符合国家产业政策方向的重整企业提供信贷支持。鼓励金融资产管理公司等专业机构运用多样化金融工具为重整企业提供服务，推动企业不良资产盘活。支持各类基金在破产程序中依法依规为具有市场价值、符合国家产业政策方向的重整企业提供融资支持，鼓励符合条件的金融机构依法设立不良资产处置基金，参与企业重整、和解。（责任单位：国家金融监督管理总局北京监管局、北京证监局、人民银行北京市分行、各区政府）

八、保障管理人依法履职

39. 优化破产援助资金管理机制。完善本市破产援助资金审批方式，借助法院“智汇云”线上平台，对符合条件的破产案件援助资金申请通过线上进行流转和审批，提升资金拨付效率。研究完善破产援助经费管理办法，提高破产案件办理效率。（责任单位：市高级人民法院、市发展改革委、市财政局）

40. 优化管理人账户开立程序。管理人可持人民法院破产案件受理裁定书、指定管理人决定书及管理人负责人身份证明材料等文件，向金融机构申请开设管理人人民币账户和外汇账户，开通网上银行服务。金融机构依法履行客户身份识别义务，及时办理管理人账户开立业务。（责任单位：市高级人民法院、人民银行北京市分行、国家金融监督管理总局北京监管局）

41. 便利管理人管理银行账户。管理人办理查询账户信息、划转破产企业账户资金、撤销破产企业账户、解封账户及破产企业征信等相关业务的，应提交人民法院破产案件受理裁定书、指定管理人决定书、管理人介绍信、经办人员身份证件等文件；办理解封账户业务的，还应提交人民法院出具的解封账户的协助执行通知书。金融机构应依据管理人提供的上述文件，及时依法依规办理破产企业人民币银行结算账户相关业务。（责任单位：人民银行北京市分行、国家金融监督管理总局北京监管局、北京证监局、市委金融委员会办公室、市高级人民法院）

42. 提高管理人专业化能力。支持管理人协会加强行业自律建设和专业化建设，推动管理人勤勉履职。强化管理人任职资格管理，在最低工作年限、专业培训、执业资格等方面强化管理人任职资格，建立市场化的管理人选任方式。研究出台管理人动态分级管理办法，建立分级评价、动态调整和激励机制。积极组织开展相关培训，不断提升管理人专业化工作水平。（责任单位：市高级人民法院、市司法局）

九、强化组织保障

43. 充分发挥协调机制作用。健全府院日常沟通机制，定期沟通对接破产工作进展情况和相关问题。完善市区两级协调调度机制和反馈评价机制，推动有关部门解决破产办理中的难点堵点。建立通报和报告制度，对改革任务进展、存在问题、工作建议等相关情况，向成员单位定期通报，重要事项及时向协调机制进行报告。（责任单位：市发展改革

委、市高级人民法院、各相关部门、各区政府）

44. 推进政策细化落实。强化政策实施效果，对已有政策进行梳理，研究分析落地情况和政策效能，推动破产制度改革重点任务事项细化落实。涉及安全生产、风险防范相关事项的，按照有关法律、法规及规定执行。完善市区两级工作体系，健全检查评估机制。及时梳理总结经验、典型案例，借鉴国内外先进经验做法，对标办理破产国际先进规则，深化关键问题研究，定期转化成工作任务，滚动推进落实。（责任单位：市发展改革委、各相关部门、各区政府）

45. 加强宣传培训。对标先进国际规则，由人民法院与市相关部门联合开展破产办理相关培训，提升国际化管理水平。各区、各部门通过多种渠道发布破产制度改革举措，开展政策宣传、典型案例解读，提高经营主体对破产制度保护功能的知晓度。加强窗口工作人员政策培训，提升专业化服务水平。（责任单位：市发展改革委、各相关部门、各区政府）

解读《北京市深化破产制度改革优化营商环境的若干措施》

北京市发展和改革委员会

为深入贯彻党中央、国务院关于推进营商环境建设的决策部署，对标经营主体需求，进一步深化破产制度改革，推动北京市破产办理进一步降成本、提质效，打造市场化、法治化、国际化一流营商环境，北京市发展和改革委员会同北京市高级人民法院、北京市规划和自然资源委员会、北京市经济和信息化局等单位起草了《北京市深化破产制度改革优化营商环境的若干措施》（以下简称《若干措施》）。

一、《若干措施》的制定背景和总体考虑

为贯彻落实市委、市政府全面优化营商环境，打造首善标准、国际一流“北京服务”的决策部署，市发展改革委员会同企业破产和市场主体退出工作联席会议39家成员单位，对《北京市破产制度改革实施方案》《北京市进一步优化营商环境推动和保障管理人在破产程序中依法履职的若干措施》（以下简称《若干措施》）落实情况进行了自查评价、跟踪督促，总结梳理各部门、各区在破产办理中可示范推广的改革措施、经验做法，对破产办理相关流程和政策措施进行了规范、细化和补充完善，提出45项政策措施，形成《若干措施》，突出体现四个特点。

一是强化系统集成。细化深化破产制度改革综合性政策，系统集成财产处置、信用修复、涉税服务、注销登记等9个破产办理领域的政策措施，打造推动管理人高效履职、便利企业重整和退出的升级版政策体系，让政务服务更集成、更优化，为破产事项办理提供全流程、全闭环、全链条高效便捷政务服务。

二是突出首善标准。贯彻落实北京市国际一流营商环境建设、打造“北京服务”的工作部署，优化完善破产改革重点领域的政策措施，推进“一件事一次办”，突出部门协同，市区衔接，降低经营主体退出制度性交易成本，在信用修复“一口申报”、简易注销、企业风险监测预警等方面率先提出创新举措，突出示范效应。

三是坚持问题导向。以提升经营主体获得感为目标，聚焦经营主体关注、制约破产办理质效的难点堵点，广泛征求各方意见建议，协商相关部门研究细化操作办法，提出破产财产带封处置、优化国有划拨土地转让流程、股权变更办理等措施，积极化解破产办理难题，并对办理时限、办理流程等作了明确规定，着力提高办理破产的便利化水平，让经

营主体获得感更深。

四是加强企业救助服务。着眼于拓展企业拯救路径，激发经营主体活力，促进经济高质量发展，通过构建企业信用修复协同机制、发挥金融机构债委会作用、强化资产交易处置平台功能、优化破产援助资金管理等措施，推动企业重整再生和有序退出，多渠道挽救困境企业，保障当事人权益，有效防范风险。

二、《若干措施》的主要内容

《若干措施》包括破产财产处置、信用修复、涉税服务、注销登记等9个部分、45条政策。

（一）完善破产企业财产处置机制

企业破产财产处置是企业办理破产中难度较大、耗时较长的环节，直接影响破产企业财产回收率。《若干措施》通过明确财产带封处置规则、完善国有划拨土地转移流程、规范办理不动产登记、健全股权变更及解除质押查封办理流程、提高机动车处置效率以及优化违法车辆记分、罚款处理机制，有效促进破产企业存量资源得到盘活利用。

（二）构建信用修复协同机制

重整企业完成信用修复，是公平参与竞争、恢复正常经营的必要条件，信用修复涉及多个领域，需要多部门协同配合。《若干措施》通过完善重整企业信用修复协同机制、强化信用修复“一口申报”、明确修复要求等措施，便利重整企业开展信用修复，为尽快恢复生产经营创造条件。

（三）优化涉税服务

涉税事项贯穿破产企业破产办理全过程，政策复杂、专业性强、涉及税务各业务部门多，优化规范办理流程，提高涉税事项办理标准化和规范化水平，可以有效提高市场主体退出效率，同时提升税收征管质效。《若干措施》围绕解除非正常户、破产企业发票供应、纳税申报等重点难点事项，优化办理流程，明确办理材料，着力提高破产涉税办理便利度，提升涉税事务办理高效便捷水平。

（四）健全注销登记制度

企业注销是破产办理的最终环节，可以直观反映破产程序进程。《若干措施》进一步精简破产企业简易注销材料，取消简易注销公告程序，通过“e 窗通”平台全程电子化办理注销登记，全程“零跑动”。完善市场主体除名机制，明确市场主体除名及恢复的条件要求，切实提升资源要素优化配置水平。充分尊重经营主体经营自主权，在本市自贸区试点推进注销登记确认制改革。

（五）构建破产信息查询服务体系

破产信息查询是管理人全面接管破产企业的重要前提和基础。本市已实现破产信息“一网”“一窗”通查，对提高管理人接管破产企业财产效率发挥了重要作用。《若干措施》通过丰富查询场景、增加信息查询范围、扩展查询功能等措施，将进一步提升破产信息查询便利度，压缩破产办理时间。

（六）强化企业救助和风险化解

《若干措施》进一步为陷入财务困境的企业提供庭外调解等多种服务，有助于企业灵活高效化解纠纷、实现救助，激发经营主体活力。加强破产企业职工公共就业服务等劳动用工保障，依法保护职工权益。

（七）多渠道支持企业重整

本市将积极吸纳多种类型金融机构、行业组织以及专业服务机构，完善资产交易及配套服务体系，为破产企业重整提供“一站式”专业化融资服务。同时，探索总结竞拍方式在重整企业投资人招募中的成功经验，复制推广创新模式，吸引更多潜在投资人参与企业重整，实现债务人重整价值最大化。

（八）强化管理人履职保障和管理监督

管理人是破产程序的主要推动者和破产事务的具体执行者，保障管理人依法履职，有利于推动破产程序有序高效进行，畅通企业退出渠道。《若干措施》从优化破产援助资金管理机制、便利管理人管理银行账户、提高管理人专业化能力等方面，强化政府在企业破产程序中公共管理和服务职能，提高管理人履职便利度，降低破产制度运行成本。

三、主要政策问答

1. 如何便利破产管理人处置破产财产

一是明确财产带封处置规则。细化破产财产“先处置，后解封”流程，要求管理人在拍卖时说明带封处置情况，明确财产拍卖后办理解封及相关过户的材料，便利管理人对被查封的财产进行带封处置操作。

二是完善国有划拨土地转移流程。明确经区级以上人民政府批准同意后，管理人可先行通过土地二级市场转让破产企业名下符合城市总体规划、可以办理出让手续的国有划拨土地使用权，有效盘活破产企业占用的土地资产，释放闲置土地资源活力。

三是规范办理不动产登记。对已取得建设工程规划许可证，2002年1月1日后竣工但因客观原因不满足规划核验要求的建设项目，明确先处罚再办理的路径；对已取得建筑工程施工许可证，因债务人资料缺失或第三方机构不配合竣工验收等情形导致无法办理竣工验收的建设项目，明确可持防雷检测报告、安全鉴定等替代性材料办理不动产首次登记，解决破产企业遗留项目建设后难以办理不动产首次登记的困难。要求各区建立不动产处置联席机制，联动法院和本区各相关部门，统筹协调解决不动产处置问题，减少管理人联系多个部门的困难。明确管理人有权代表破产企业办理首次登记、转移登记等各类不动产登记。

四是健全破产企业股权变更及解除质押查封的办理流程。破产企业办理股权变更时，经常遇到原股东持有的企业股权被质押或查封的情形。《若干措施》明确了办理股权变更所需的材料，以及解除质押查封所需的具体材料，为管理人办理股权变更时面对的不同情形，提供了操作指引，破解了办理难题。

五是提高机动车处置效率。为解决破产企业名下机动车下落不明、接管不到、处置不了的问题，建立机动车信息共享机制，公安机关和交通管理部门在日常业务中，将发现的破产企业名下机动车相关信息反馈给人民法院或管理人，破解下落不明机动车处置难题。目前，公安部门和交通管理部门均已通过这种方法向法院及管理人共享了大量破产企业机动车信息，保障了债权人权益。

六是优化违法车辆记分、罚款处理机制。破产企业名下的机动车，很多都存在交通违规现象，如果要求购买人处理破产企业机动车违规导致的记分，很可能会扣分过多而影响车辆使用。《若干措施》明确在司法拍卖后，由人民法院出具协助执行通知书处理记分，购买群众无须处理。这个做法保障了机动车购买人的权益，使群众更有意愿购买破产企业机动车，提高了破产企业机动车处置效率。

2. 如何构建和完善企业重整的信用修复机制

一是强化信用修复"一口申报"机制，完善"信用中国（北京）"网站平台的重整企业信用修复"一口申报"窗口功能，便利重整企业进行行政处罚、市场监管、纳税等领域信用修复申请等事项办理，有效提高信用修复办理效率。

二是建立“信用中国（北京）”网站与相关信息平台之间的信息互通共享机制，通过数据共享实现信用信息的跨部门联动，便捷查询破产重整案件信息，以及破产重整企业的行政许可、行政处罚、守信激励和失信惩戒等信用信息。

三是对企业在行政处罚、市场监管、纳税、金融等领域的信用修复办理事项，细化和完善相关政策，明确了具体办理流程和相关要求。

3. 如何优化涉税事务办理质效

一是提高纳税申报质效。《若干措施》明确破产企业因生产经营、财产处置、破产清算等产生的税款应依法依规申报，便利管理人规范办税。管理人通过公开拍卖或者公开变卖等方式处置破产财产的，原则上以拍卖成交价或变卖成交价等公开处置价格作为相关税种的计税依据。在拟定破产财产变价方案及分配方案时，管理人应考虑可能涉及的企业所得税及个人所得税。

二是加强发票供应保障。《若干措施》充分考虑管理人在发票领用、开具方面的问题，尤其是大额发票开具实际需求，明确大额发票按需申请路径，即管理人因大额资产处置等特殊情况按需申领发票，且能够提供相关材料证明资产处置合规合理性的，税务部门不得无故拒绝管理人发票申领需求。

三是优化税务注销程序。《若干措施》明确税务注销材料要求，便利管理人及时办理税务注销。即经人民法院裁定宣告破产的企业，管理人持人民法院终结破产清算程序裁定书申请税务注销的，税务部门即时出具清税文书，按照税务总局规定核销“死欠”。

4. 如何提高注销便利度

一是提升注销便利化。精简破产企业及其分支机构简易注销登记材料，且无须经过简易注销公告程序。同时，进一步完善“e窗通”平台功能，为破产企业及其分支机构注销登记提供全程网办服务。

二是完善市场主体除名机制。对经营主体处于开业状态，因未按照规定的期限公示年度报告被列入经营异常名录或者被标记为经营异常状态满两年，且近两年未申报纳税的，予以除名标记。被除名标记的经营主体不得从事与清算和注销无关的活动。被除名经营主体，其名称自除名决定送达之日起满三年的，第三人可以申请名称登记。被除名市场主体自除名决定送达之日起三年内，经税务部门确认已缴纳罚款并补办纳税申报，同时已移出所涉经营异常名录或恢复正常记载状态的，可向属地市场监管部门申请终止除名标记，恢复原信息公示状态。

三是试点推进市场主体注销登记确认制改革。在本市自由贸易试验区内的内资公司制企业法人（上市公司除外）及其分支机构办理注销登记，可依照法律法规规定和章程约定，通过全流程在线自主申报法定登记、备案事项的信息内容，登记机关核对相关登记信息后，对符合的主体资格和登记事项结果予以确认，并通过企业信用信息公示系统进行公示。

5. 如何提升破产信息查询便利度

一是丰富查询场景。在市政务服务大厅设立破产信息查询专窗、“首都之窗”网站设立专栏的基础上，各区级政务服务中心增设立破产信息查询专窗，实现市、区两级专窗全覆盖，破产信息“一网”“一窗”通查。该事项原则上即时办理，特殊情况下不超过 5 个工作日。

二是增加信息查询范围。增加破产企业建设工程规划许可证、建筑工程施工许可证、竣工验收等规划建设领域信息。

三是扩展查询功能。提供政府债权申报“一窗办理”服务，实现破产企业政府债权人债权申报与破产信息查询“一表申请，并联审批”。

6. 如何对企业进行有效挽救和风险化解

一是鼓励金融机构债权人委员会开展多种方式的金融债务重组和配套服务，对于符合条件的重整及和解企业，通过联合授信等多种融资方式支持企业开展正常运营活动。

二是依法保护破产企业职工权益，在就业服务和政策等方面给予支持，自主创业人员按规定可申请创业担保贷款，并享受贷款贴息。

7. 如何对企业重整给予支持帮助

一是支持管理人协会完善破产重整投融资平台功能，发挥破产预防和审前辅导作用，提供专业化融资咨询服务。

二是探索“线下承诺出价+线上拍卖竞价”等资产拍卖处置方式，吸引潜在投资人参与企业重整，充分挖掘重整企业价值。

三是完善线上线下相融合的资产交易及配套服务体系，提供破产财产处置、重整投资人招募及其他综合配套服务。

四是建立和完善与破产程序相衔接的金融服务工作机制，鼓励金融机构和专业机构为重整企业提供多元融资支持，推动不良资产盘活。

8. 如何保障管理人依法履职

一是优化破产援助资金管理机制。《若干措施》进一步优化援助资金申请审批流程，发挥法院“智汇云”线上平台作用，对破产案件援助资金申请进行线上流转和审批，大幅提升资金拨付效率。

二是便利管理人管理银行账户。《若干措施》进一步明确管理人办理解封银行账户等事项材料要求，提高业务办理便利度。管理人办理查询账户信息、划转破产企业账户资金、撤销破产企业账户、解封账户及破产企业征信等相关业务的，应提交人民法院破产案件受理裁定书、指定管理人决定书、管理人介绍信、经办人员身份证件等文件；办理解封账户业务的，还应提交人民法院出具的解封账户的协助执行通知书。

三是提高管理人专业化能力。《若干措施》在最低工作年限、专业培训、执业资格等方面强化管理人任职资格，进一步明确管理人任职资格。同时，研究出台管理人动态分级管理办法，建立分级评价、动态调整和激励机制。

（来源：北京市发展和改革委员会网站）

指导案例、典型案例与解读

最高人民法院发布劳动争议典型案例

（2024 年 4 月 30 日）

光荣属于劳动者，幸福属于劳动者。党的二十大报告要求，健全劳动法律法规，完善劳动关系协商协调机制，完善劳动者权益保障制度，加强灵活就业和新就业形态劳动者权益保障。习近平总书记指出，就业是最大的民生工程、民心工程、根基工程，是社会稳定的重要保障，必须抓紧抓实抓好。

面对劳动者日渐多元的司法需求，最高人民法院坚持以习近平新时代中国特色社会主义思想为指导，全面贯彻党的二十大精神，深入贯彻习近平法治思想，立足和延伸司法职能，加强审判指导，制发司法解释、司法建议书、规范性文件，发布典型案例，支持和规范新就业形态，加强超龄劳动者权益保障，巩固拓展根治欠薪成果，多措并举落实我国劳动用工和社会保障制度，推动审判工作及诉源治理不断取得新成效。

人民法院对劳动争议的妥善化解，不仅关涉劳动者合法权益的维护，更是与经济社会发展大局息息相关。为进一步发挥司法服务保障促进构建和谐劳动关系的职能作用及典型案例的引领示范价值，最高人民法院此次发布六个劳动争议典型案例。这批案例主要有以下几个特点。

一是贯彻以人民为中心的发展理念，更好满足劳动者对美好生活的向往。就业是最基本的民生。党中央、国务院将就业摆在经济社会发展的优先位置，把稳就业提高到战略高度通盘考虑。人民法院保障劳动者的工资收入等基本需求，并不断满足劳动者在确认劳动关系、平等就业、休息休假等方面的更高要求，促进高质量充分就业，实现体面劳动，通过奋力书写稳就业"答卷"，筑牢"万家灯火"的幸福根基。例如，在李某与某服饰公司劳动争议案中，李某陪妻子待产，要求用人单位支付护理假工资，人民法院依法予以支持，减轻女性在育儿阶段的负担，推动用人单位构建生育友好的就业环境。又如，在某公司与李某竞业限制纠纷案中，某公司与普通员工李某约定竞业限制条款，在李某入职新用人单位之后，某公司要求李某承担违约金，人民法院依法认定李某在日常工作中接触到的公司信息不属于核心经营信息，李某不属于其他负有保密义务的人员，充分保护劳动者的自由择业权，促进人力资源有序社会性流动和合理配置。

二是推动经济社会高质量发展，提升企业竞争力。在市场经济条件下，市场主体的生存发展与劳动人才竞争密切相关，构成了既相互促进又相互制约的关系。人民法院衡平保护劳动者与用人单位的合法权益，为推动经济社会高质量发展，构建公平、合理、有序的良性市场竞争环境提供了有力支撑。例如，在张某与某体育公司劳动争议案中，张某与某体育公司签订竞业限制协议，其妻持有95%股份的某公司与某体育公司存在竞争关系。面对劳动者通过配偶投资、经营有竞争关系企业等隐蔽型违反竞业限制的行为，人民法院在查明事实的基础上，认定劳动者违反竞业限制约定，判令劳动者返还竞业经济补偿并承担违约责任，制止劳动者违反竞业限制的行为，有利于激励企业依法获取经营优势，促进市场经济健康发展。又如，在某公司与李某劳动争议案，李某作为该公司研发人员，在辞职后拒不与公司办理工作交接手续，致使该公司启动备用方案，补救研发项目，因迟延交付样机承担了违约责任，人民法院依法判令李某赔偿某公司损失，维护了用人单位的合法权益，有利于促进企业技术创新和产业升级。

三是完善裁判规则，助推劳动关系治理现代化。劳动法律法规是国家实施就业政策、贯彻收入分配制度、构建劳动关系协商协调机制的重要制度安排，是国家劳动关系治理的重要手段和保障，也是推进国家治理体系和治理能力现代化的重要内容。人民法院在劳动争议审判中不断完善裁判规则，发挥法治固根本、稳预期、利长远的保障作用，为推进劳动关系治理体系现代化贡献司法力量。例如，在某高纤公司与崔某劳动合同纠纷案中，某高纤公司与崔某等车间工作人员签订承包合同。崔某在工作中受伤后，因是否存在劳动关系与公司发生争议。人民法院以人身、经济等从属性特征作为判断标准，准确认定双方存在劳动关系，保障了劳动者的合法权益。又如，在张某与某公交公司劳动合同纠纷案中，张某与某公交公司订立二次固定期限劳动合同后已经符合订立无固定期限劳动合同条件，某公交公司因张某投诉而拒绝与其订立无固定期限劳动合同。人民法院明确了在劳动者符合订立无固定期限劳动合同的情况下，用人单位负有强制缔约义务，劳动者具有单方选择权的裁判规则，为劳动者维护自身合法权益撑起了法律保护伞。

下一步，最高人民法院将深入学习贯彻习近平法治思想，认真贯彻落实习近平总书记关于劳动者权益保护的重要指示批示精神，立足审判职能优势，不断加强劳动争议案件审判指导，扎实有效推进劳动者权益保障工作，助力构建和谐劳动关系，不断推动劳动争议审判工作取得新成效，为经济高质量发展与社会和谐稳定提供有力法治保障。

劳动争议典型案例

案例一　用人单位不能通过订立承包合同规避劳动关系

——某高纤公司与崔某劳动合同纠纷案

案例二　劳动者对于是否订立无固定期限劳动合同具有单方选择权

——张某与某公交公司劳动合同纠纷案

案例三　竞业限制协议不能限制非负有保密义务的劳动者的自主择业权

——某公司与李某竞业限制纠纷案

案例四　劳动者的配偶投资、经营与劳动者原用人单位存在竞争关系的企业属于违反竞业限制的行为

——张某与某体育公司劳动争议案

案例五　研发人员辞职后拒不交接工作给用人单位造成损失的，应承担赔偿责任

——某公司与李某劳动争议案

案例六　男职工在妻子生育子女后依法享受护理假

——李某与某服饰公司劳动争议案

案例一

用人单位不能通过订立承包合同规避劳动关系

——某高纤公司与崔某劳动合同纠纷案

【基本案情】

2022 年 2 月，崔某到某高纤公司的车间工作。2022 年 3 月，某高纤公司与该车间全体人员（含崔某）签订车间承包协议。承包协议约定，崔某等要遵守某高纤公司的各项安全制度，该协议视为某高纤公司与该车间全体人员（含崔某）签订的集体劳动合同。某高纤公司于 2022 年 3 月、4 月、5 月分别向崔某支付报酬。2022 年 6 月，崔某在工作中受伤。崔某向某劳动人事争议仲裁委员会申请仲裁，请求确认其与某高纤公司存在劳动关系。某劳动人事争议仲裁委员会予以支持。某高纤公司不服，诉至人民法院，请求确认其与崔某之间不存在劳动关系。

【裁判结果】

审理法院认为，崔某具备劳动者主体资格，某高纤公司具备用工主体资格。崔某自 2022 年 2 月至 6 月一直在某高纤公司的生产线工作，所从事的工作是公司业务的组成部分，按月领取劳动报酬。双方签订的承包协议载明该协议视为某高纤公司与崔某等人签订的集体劳动合同，崔某需遵守公司各项安全制度等约定亦证实某高纤公司的相关规章制度适用于崔某，崔某接受公司的劳动管理。审理法院判令崔某与某高纤公司之间存在劳动关系。

【典型意义】

随着市场经济的转型和发展，劳动密集型企业出于降低成本、提高效益等考虑，采取种类多样的经营模式。实践中存在部分企业滥用承包经营方式，通过与劳动者签订内部承包合同规避订立劳动合同的情形。用人单位以已经签订承包合同为由否认与劳动者之间的劳动关系，转嫁用工风险。人民法院在判断用人单位与劳动者之间是否存在劳动关系时，不仅要审查双方签订合同的名称，更要通过合同的内容和实际履行情况实质性审查双方之间的法律关系是否具备劳动关系的从属性特征，准确认定双方之间的法律关系，纠正通过签订承包合同等规避用人单位义务的违法用工行为，切实维护劳动者的合法权益。

案例二

劳动者对于是否订立无固定期限劳动合同具有单方选择权

——张某与某公交公司劳动合同纠纷案

【基本案情】

张某与某公交公司连续订立二次固定期限劳动合同，其中第二次订立的劳动合同期限至2020年7月31日止。2020年6月10日，某公交公司通知张某等人续订劳动合同。2020年6月12日，张某在某平台实名投诉公司不按规定配发口罩。同日，某公交公司通知张某劳动合同到期终止，办理离职手续并交接工作。此后，张某多次要求某公交公司与其订立无固定期限劳动合同。2020年7月，某公交公司通知张某，双方于2020年7月31日终止劳动合同，并通过转账方式向张某支付终止劳动合同的经济补偿。张某在某公交公司工作至2020年7月31日。张某向某劳动人事争议仲裁委员会申请仲裁，要求某公交公司于2020年

8 月 1 日起依法与其订立无固定期限劳动合同。某劳动人事争议仲裁委员会裁决驳回张某的仲裁请求。张某不服，诉至人民法院。

【裁判结果】

审理法院认为，张某与某公交公司已连续订立二次固定期限劳动合同，张某不存在劳动合同法第三十九条规定的过失性辞退情形，亦不存在第四十条第一项规定的“劳动者患病或者非因工负伤，在规定的医疗期满后不能从事原工作，也不能从事由用人单位另行安排的工作的”及第二项规定的“劳动者不能胜任工作，经过培训或者调整工作岗位，仍不能胜任工作的”情形，张某提出与某公交公司订立无固定期限劳动合同符合法定条件，某公交公司应依法与张某订立无固定期限劳动合同。某公交公司单方作出终止劳动合同通知不符合法律规定。审理法院判令某公交公司与张某订立无固定期限劳动合同。

【典型意义】

无固定期限劳动合同强制缔约制度的立法初衷在于解决劳动合同短期化问题，从而保障劳动者的就业权。劳动合同法第十四条第二款第三项规定了连续二次订立固定期限劳动合同后的强制缔约义务。强制用人单位缔约虽然对合同自由、意思自治有所限制，但这种限制的根本目的是实现处于弱势地位的劳动者与用人单位的实质平等。在本案中，劳动者投诉用人单位不属于过失性辞退情形，亦不符合无过失性辞退中因劳动者自身原因用人单位可以不续订无固定期限劳动合同的情形，只要劳动者符合续订无固定期限劳动合同的条件，其就具有单方选择权，用人单位无权拒绝续订。人民法院依法判令用人单位与劳动者订立无固定期限劳动合同，既符合立法目的，又有助于构建和谐稳定的劳动关系。

案例三

竞业限制协议不能限制非负有保密义务的劳动者的自主择业权

——某公司与李某竞业限制纠纷案

【基本案情】

2017年1月10日，李某入职某公司从事推拿师工作，双方签订员工保密协议，约定李某离职后2年内不得从事同类产品或同类企业的相关服务，否则应当一次性向某公司支付不低于5万元的违约金。2017年11月，李某取得高级小儿推拿职业培训师证书。2021年5月，李某从该公司离职，7月入职某社区卫生服务中心中药房工作。某公司主张李某掌握该公司的客户资料、产品报价方案、培训课程等信息，属于其他负有保密义务的人员，向某劳动人事争议仲裁委员会申请仲裁，要求李某支付违反竞业限制义务违约金5万元，某劳动人事争议仲裁委员会未予支持。某公司不服，诉至人民法院。

【裁判结果】

审理法院认为，李某系某公司的推拿师及培训师，不属于公司的高级管理人员及高级技术人员。李某掌握的客户资料是提供服务过程中必然接触到的基本信息，例如，客户名称、联系方式等；李某接触到的产品报价方案对服务的客户公开，潜在的客户经过咨询即可获得；某公司提供的培训课程虽然为自己制作的课件，但课件内的知识多为行业内中医小儿推拿的常识性内容。此外，李某在公司工作期间通过培训获取的按摩推拿知识及技能也是该行业通用的专业知识及技能。某公司提供的证据仅能证明李某在日常工作中接触到该公司的一般经营信息，而非核心经营信息。在正常履职期间仅接触用人单位一般经营信息的劳动者不属于劳动合同法第二十四条第一款规定的其他负有保密义务的人员。某公司主张李某属于负有保密义务的竞业限制人员，证据不足。审理法院判令驳回某公司要求李某支付竞业限制违约金的诉讼请求。

【典型意义】

劳动合同法规定竞业限制制度的主要目的在于保护用人单位的商业秘密和与知识产权相关的保密事项，规制不正当竞争，而非限制人才在企业间的正常流动。实践中，竞业限制条款存在适用主体泛化等滥用现象。部分用人单位不区分劳动者是否属于掌握本单位商业秘密、与知识产权相关保密事项的人员，无差别地与劳动者签订竞业限制协议，并约定高额违约金。劳动者往往囿于用人单位的优势地位，无法拒绝签订竞业限制协议。不负有保密义务的劳动者离职后进入有竞争关系的新用人单位，原用人单位要求劳动者承担高额违约金，侵害了劳动者的合法权益。本案中，人民法院认定不负有保密义务的劳动者即使签订了竞业限制协议，也无须承担竞业限制义务。审判实践中，人民法院不仅要认定新用人单位与原用人单位之间是否存在竞争关系，更要认定劳动者是否属于应当承担竞业限制义务的人员，旗帜鲜明地否定侵害劳动者自主择业权的违法竞业限制行为，畅通劳动力资源的社会性流动渠道。

案例四

劳动者的配偶投资、经营与劳动者原用人单位存在竞争关系的企业属于违反竞业限制的行为

——张某与某体育公司劳动争议案

【基本案情】

2018年7月31日，张某入职某体育公司，任教学研发中心总经理，负责教学教研管理。双方签订竞业限制协议，约定张某在劳动关系存续期间及2年的竞业限制期间，不得实施违反竞业限制的相关行为，同时约定竞业限制期间某体育公司向张某支付经济补偿，张某违约应支付违约金，违约金金额为双方劳动关系终止或解除前12个月张某自某体育公司及关联公司取得收入的10倍。张某于2021年7月31日离职，离职前12个月的平均工资为34097.44元。某体育公司向张某支付了5个月的竞业限制经济补偿。张某之妻于2021年12月变更为某公司的投资人（持有95%的股份），经营业务与某体育公司存在竞争关系。张某之妻设立的某公司的关联公司为张某缴纳社会保险。某体育公司认为张某违反竞业限制约定，应返还竞业经济补偿并承担违约责任，向某劳动人事争议仲裁委员会申请仲裁。某劳动人事争议仲裁委员会裁决，张某返还某体育公司竞业经济补偿、支付违约金。张某不服，诉至人民法院，请求无须返还竞业经济补偿及支付违约金。

【裁判结果】

审理法院认为，张某任教学研发中心总经理，负责管理工作，对某体育公司的经营管理有决策权，应按照竞业限制协议等约定履行竞业限

制义务。张某之妻作为投资人的某公司，在经营业务上与某体育公司存在竞争关系，属于竞业限制单位。考虑到张某与配偶之间具有紧密的人身和财产关系，经济利益上具有一致性，且其配偶的投资行为基本发生在张某从某体育公司离职后，故认定张某违反了竞业限制约定。综合考量劳动者给用人单位造成的损害、劳动者的主观过错程度、工资收入水平、职务、在职时间、违约期间、用人单位应支付的经济补偿数额以及当地的经济水平等因素，审理法院酌定张某支付某体育公司违反竞业限制违约金的数额，并判令返还竞业限制经济补偿。

【典型意义】

在市场经济条件下，市场主体的生存发展与劳动人才竞争密切相关，构成了既相互促进又相互制约的关系。用人单位预先通过竞业限制约定等形式约束劳动者再就业的工作单位及就业方向，保护企业经济利益和竞争优势。在本案中，作为高级管理人员的劳动者采取通过配偶实际经营竞争企业的方式实施竞业限制行为，违反竞业限制约定的方式更为隐蔽。人民法院在查明事实的基础上，准确认定劳动者违反竞业限制约定，判令其承担违约责任，秉持适当惩戒与维持劳动者生存的标准合理确定违约金数额，最大限度发挥制度优势，衡平劳动者自主择业与市场公平竞争之间的关系，为构建公平、合理、有序的良性市场竞争环境提供了有力支撑。

案例五

研发人员辞职后拒不交接工作给用人单位造成损失的，应承担赔偿责任

——某公司与李某劳动争议案

【基本案情】

2020年12月1日，某公司与李某订立劳动合同，约定李某担任研发岗位工作，合同期限3年；离职应当办理工作交接手续，交还工具、技术资料等，造成损失据实赔偿等内容。2022年2月15日，李某向某公司提出辞职，随即离开且拒不办理工作交接手续。某公司通过启动备用方案、招聘人员、委托设计等措施补救研发项目，因研发设计进度延误、迟延交付样机承担了违约责任。某公司向某劳动人事争议仲裁委员会申请仲裁，提出李某赔偿损失等请求。某劳动人事争议仲裁委员会不予受理。某公司诉至人民法院。

【裁判结果】

审理法院认为，劳动合同解除或者终止后，劳动者应当按照双方约定，办理工作交接手续。劳动者未履行前述义务给用人单位造成损失的，应当承担赔偿责任。李某作为某公司的研发人员，未提前30日通知某公司即自行离职，且拒绝办理交接手续，其行为违反了劳动合同法第三十七条规定的劳动者提前30日以书面形式通知用人单位，可以解除劳动合同的规定，应当按照劳动合同法第九十条有关劳动者赔偿责任的规定对某公司的损失承担赔偿责任。审理法院综合考量李某参与研发的时间、离职的时间、本人工资水平等因素，酌定李某赔偿某公司损失

5 万元。

【典型意义】

党的十八大以来，以习近平同志为核心的党中央高度重视科技创新。党的二十大报告在“完善科技创新体系”部分提出，“坚持创新在我国现代化建设全局中的核心地位”。创新型企业竞争力的重要来源之一为研发人员。研发人员掌握着项目重要资料，主动解除劳动合同时，应秉持诚信原则，遵守劳动合同约定和法律规定，提前通知用人单位，办理交接手续，便于用人单位继续开展研究工作。在本案中，人民法院在劳动者拒不履行工作交接义务给用人单位造成损失的情况下，依法判令其承担赔偿责任，为科技创新提供优质的法治保障。

案例六

男职工在妻子生育子女后依法享受护理假

——李某与某服饰公司劳动争议案

【基本案情】

2021 年 5 月 5 日，李某至某服饰公司从事摄影工作。因妻子待产，李某于 2021 年 7 月 2 日起回家陪产未再出勤。李某之子于 2021 年 7 月 3 日出生。2021 年 7 月 20 日，李某回到某服饰公司继续工作至 2021 年 11 月 17 日。2021 年 11 月 18 日，李某至某服饰公司结算工资时发生争议。李某向某劳动人事争议仲裁委员会申请仲裁，提出某服饰公司支付护理假工资等请求。某劳动人事争议仲裁委员会终结案件审理。李某诉至人民法院。

【裁判结果】

审理法院认为，根据《江苏省人口与计划生育条例》第二十四条规定，符合本条例规定生育子女的夫妻，女方在享受国家规定产假的基础上，延长产假不少于30天，男方享受护理假不少于15天，假期视为出勤，在规定假期内照发工资。李某在护理假期间视为出勤，某服饰公司应当发放工资。审理法院支持李某要求某服饰公司支付15天护理假工资等诉讼请求。

【典型意义】

近年来，各地落实《中共中央、国务院关于优化生育政策促进人口长期均衡发展的决定》，出台支持优化生育的政策措施。在家庭中，丈夫和妻子共同承担着生儿育女的责任。陪产护理假是男职工在妻子生育期间享有的看护、照料妻子与子女的权利。在本案中，人民法院判令用人单位支付男职工护理假期间的工资，有助于引导用人单位严格执行国家相关规定，发挥男性在生育中不可或缺的丈夫和父亲的角色作用，强化两性在生育事务中的平等合作，有利于下一代的健康成长、生育支持政策体系的进一步完善及人口的高质量发展。

最高人民法院、人力资源和社会保障部、中华全国总工会发布涉欠薪纠纷典型案例

（2024 年 1 月 25 日）

按时足额获得劳动报酬是劳动者最关心的权益。党的十八大以来，以习近平同志为核心的党中央围绕加强劳动者权益保护、深化根治欠薪工作等作出重要部署。为深入学习贯彻党的二十大关于完善劳动者权益保障制度、中央经济工作会议关于保障农民工工资按时足额发放的重要部署，最高人民法院、人力资源和社会保障部、中华全国总工会联合发布涉欠薪纠纷典型案例，通过案例明晰欠薪纠纷多元化解决途径，促进保障制度落实落细，从源头遏制欠薪问题发生，健全根治欠薪长效机制，有效维护劳动者合法权益和社会和谐稳定。此批案例主要具有以下特点。

一、加强部门联动，织牢根治欠薪“保护网”

人民法院、人力资源社会保障行政部门、劳动人事争议仲裁机构、工会等相关职能部门坚持以人民为中心，综合运用工会参与调解协商、行政执法、劳动争议仲裁、司法等多种手段，妥善化解欠薪纠纷。此次发布的典型案例中既有人民法院、人力资源社会保障行政部门、劳动人事争议仲裁机构、工会等部门常态化联合开展矛盾纠纷预防化解工作的

案例，又有诉调对接促进矛盾纠纷实质化解、工会积极协调检察机关启动民事支持起诉的案例。人民法院、人力资源社会保障行政部门、劳动人事争议仲裁机构、工会立足法定职能，探索打造根治欠薪联动链，全力解决好群众急难愁盼问题，不断满足人民群众对美好生活的向往和需求，让劳动者在每一起追索欠薪纠纷案件中感受到法治的力量与温度，形成劳动者合法权益保护大格局。

二、强化多措并举，建立根治欠薪“快车道”

欠薪纠纷关系劳动者生存利益的维护，保障其利益诉求快速实现具有重要意义。各部门立足自身职能，确保欠薪纠纷及时高效处理。人民法院不断完善拖欠农民工工资案件的快立、快审、快执绿色通道，确保劳动者及时兑现胜诉权益。在王某等114名农民工诉余某、某工程技术公司、某电器公司、某市公路总公司劳务合同纠纷案中，人民法院20天内全部执行完毕；在尹某等10人诉某单位劳务合同纠纷案中，人民法院充分运用支付令、人民调解与司法确认模式，高效兑现劳动者合法权益。充分运用智慧法院建设成果，打造在线诉讼平台，通过数字赋能切实回应当事人对于诉讼便利和效率的迫切需求，同时同步加强对不掌握线上平台使用方式当事人的线下诉讼指导，全方位维护当事人的合法权益。在颜某等11名农民工欠薪纠纷案中，工会调解员通过线上线下调解，快速化解纠纷。在李某等48人诉某制造公司追索劳动报酬纠纷案中，劳动人事争议仲裁机构通过农民工工资争议速裁庭快速裁决案件，及时有效保障其合法权益。

三、积极能动履职，立足根治欠薪“最前沿”

坚持和发展新时代“枫桥经验”，深化“抓前端、治未病”理念，把诉调对接的“调”向前延伸，把矛盾纠纷化解在基层、化解在萌芽状态。最高人民法院会同人力资源和社会保障部、中华全国总工会持续推进在线诉调对接工作，实现诉讼内外纠纷化解方式的系统化、常态化对接，便捷高效满足劳动者和用人单位多元解纷需求。在肖某等 9 名农民工欠薪纠纷案中，职工法律服务一体化基地汇集工会、法院、司法行政、人力资源社会保障等部门的调解、法律援助、仲裁、诉讼等职能作用，创建劳动关系领域“枫桥”机制，开展劳动争议源头治理。在某楼盘项目承建商欠薪纠纷案中，当地总工会通过 12351 热线发现欠薪线索后主动提前介入，联合行业主管部门协调企业全额支付工资。在王某等 114 名农民工诉余某、某工程技术公司、某电器公司、某市公路总公司劳务合同纠纷案中，人民法院针对审理中发现的企业不落实工资保证金制度等问题，及时通过司法建议形式积极参与社会综合治理。在某器材公司破产清算转重整案中，人民法院与人力资源社会保障行政部门举办破产企业职工专场招聘会，高效解决 235 名职工安置问题。坚持把非诉讼纠纷解决机制挺在前面，积极推动欠薪纠纷的诉源治理和多元化解，通过诉源治理推动建立根治欠薪长效机制。

四、明晰裁审规则，树立根治欠薪“风向标”

发挥典型案例引领示范作用，培养用人单位、劳动者的自觉守法用法意识，引导当事人形成合理诉讼预期，依法理性维权。针对劳动者证据收集能力较弱、留存证据意识不足等情况，明确用人单位对劳动者工资支付情况负有举证责任、劳动保障监察机构依法调取的证据可作为仲裁证据使用。明晰建设领域欠薪清偿责任主体，更好保障农民工工资权益。在卢某诉刘某、某建设公司、某置业公司劳务合同纠纷案中，人民法院判令承包劳务项目的个人和允许挂靠的施工单位共同承担农民工工资的支付责任，有利于倒逼施工单位依法依规参与建设活动，切实减少挂靠行为发生。积极应对数字经济下新型工作方式，规范新型报酬支付方式，明确用人单位变更工资支付方式应与劳动者协商一致，确立线上加班费认定规则，保障劳动者及时足额获得劳动报酬。

“民生无小事，枝叶总关情。”下一步，最高人民法院、人力资源和社会保障部、中华全国总工会将全力以赴推动根治欠薪工作落实落细，畅通维权渠道，兜牢民生底线，切实维护劳动者的合法权益，为经济高质量发展和社会和谐稳定贡献力量。

涉欠薪纠纷典型案例

案例一　府院联动实现解决欠薪与促进就业“双赢”

——某器材公司破产清算转重整案

案例二　以司法建议助推欠薪纠纷源头治理

——王某等114名农民工诉余某、某工程技术公司、某电器公司、某市公路总公司等劳务合同纠纷案

案例三　“支付令+调解”构建劳动者维权“快车道”

——尹某等10人诉某单位劳务合同纠纷案

案例四　被挂靠施工单位应承担“挂靠”施工导致欠薪的清偿责任

——户某诉刘某、某建设公司、某置业公司劳务合同纠纷案

案例五　用人单位变更工资支付方式应与劳动者协商一致

——杨某诉某培训中心劳动争议案

案例六　线上加班费应结合劳动者加班频率、时长、工资标准、工作内容等因素认定

——李某诉某文化传媒公司劳动争议案

案例七　用人单位对农民工工资支付情况负有举证责任

——唐某诉某建筑劳务公司追索劳动报酬纠纷案

案例八　劳动保障监察机构依法调取的证据可作为仲裁证据使用

——赖某诉某房地产公司追索劳动报酬纠纷案

案例九　发挥多元处理机制作用化解集体劳动争议

案例一

府院联动实现解决欠薪与促进就业“双赢”

——某器材公司破产清算转重整案

【基本案情】

某器材公司陷入财务困境，债务规模超过 8 亿元，涉及债权人超过 410 户。2022 年 7 月，人民法院裁定受理债权人对某器材公司的破产清算申请。截至破产受理时，某器材公司仍有在册职工 235 名，已拖欠 7 个月工资未付且长期欠缴社会保险费，导致职工生活困难、无法享受基本医疗保险待遇。

【裁判结果】

审理法院虑及某器材公司职工人数多、欠薪时间久等因素，在指导管理人安抚职工情绪、加紧核查债权的同时，依托府院联动机制，积极争取欠薪应急保障金全额垫付欠薪 550 余万元。审理法院牵头人力资源社会保障部门同步举办专场招聘会，将某器材公司的技术性人才、熟练工人等人才资源输出给同行业其他企业，帮助职工再就业，现场意向签约率超过 50%，基本解决了 235 名职工安置问题。

【典型意义】

破产程序可以实现资源重新配置，通过企业的优胜劣汰完善社会主义市场主体的救治和退出机制。《全国法院破产审判工作会议纪要》第 27 条规定："企业破产与职工权益保护。破产程序中要依法妥善处理劳动关系，推动完善职工欠薪保障机制，依法保护职工生存权。由第三方垫付的职工债权，原则上按照垫付的职工债权性质进行清偿；由欠薪保障基金垫付的，应按照企业破产法第一百一十三条第一款第二项的顺序清偿。债务人欠缴的住房公积金，按照债务人拖欠的职工工资性质清偿。"在本案中，人民法院依法妥善处理劳动关系，推动完善职工欠薪保障机制，依法保护职工生存权。人民法院对于符合条件的破产企业，积极协调以欠薪保障基金垫付的方式先行清偿职工债权，及时解决破产企业职工工资久拖未决的问题。同时，破产企业职工再就业与其后续生活保障息息相关。人民法院发挥府院联动机制优势作用，高效解决破产企业职工欠薪和安置问题，继续发挥技术人才社会价值，促进社会经济发展。

案例二

以司法建议助推欠薪纠纷源头治理

——王某等 114 名农民工诉余某、某工程技术公司、某电器公司、某市公路总公司等劳务合同纠纷案

【基本案情】

某工程技术公司、某电器公司、某市公路总公司自愿组成联合体中

标案涉交通工程项目，某工程技术公司为牵头单位。余某从某工程技术公司分包部分施工项目。在施工过程中，余某雇佣王某等 114 名农民工提供劳务，余某拖欠王某等人工资共计 3404085 元。王某等人因工资长期未付提起诉讼，要求余某、某工程技术公司、某电器公司、某市公路总公司等支付剩余工资 280 余万元。

【裁判结果】

审理法院认为，余某雇佣王某等 114 名农民工在其承包项目工程上施工，双方存在劳务合同关系，王某等人按约施工完毕后，余某应向王某等人足额支付工资。某工程技术公司、某电器公司、某市公路总公司自愿组成联合体，由作为牵头单位的某工程技术公司将案涉项目违法分包给不具备用工主体资格的余某，应对余某所欠付的工资承担共同清偿责任，判决余某、某工程技术公司、某电器公司、某市公路总公司共同向王某等人支付工资。114 名农民工的工资于 20 天内全部执行完毕。审理法院针对本案中反映出的未依法存储农民工工资保证金的违法行为向行政主管部门发出司法建议，主管部门收到建议后高度重视并及时回复，取得良好效果。

【典型意义】

工资是农民工的重要生活保障。保障农民工工资支付，不仅关系广大农民工的切身利益，更事关社会公平正义与和谐稳定。在本案中，人民法院运用“立+审+执”一体化纠纷解决机制，判令中标联合体对拖欠农民工工资共同承担清偿责任，20 天内全部执行完毕，高效兑现百余名农民工的合法权益。《保障农民工工资支付条例》第三十二条第一款规定：“施工总承包单位应当按照有关规定存储工资保证金，专项用于支付为所承包工程提供劳动的农民工被拖欠的工资。”在审理过程中发现企业存在违法行为后，人民法院充分发挥司法能动作用，以司法建议“小切口”参与社会治理“大文章”，将司法建议融入欠薪治理工作，敦促行政机关依法履职尽责，责令企业依法及时存储农民工工资保证金，助推诉源治理工作。本案立足源头预防、前端治理，人民法院积极与行政部门对接，增强矛盾纠纷化解合力，妥善化解欠薪纠纷，实现政治效果、法律效果、社会效果的有机统一。

案例三

“支付令+调解”构建劳动者维权“快车道”

——尹某等10人诉某单位劳务合同纠纷案

【基本案情】

尹某等10人为退休返聘的老年人，退休后在某单位工作。某单位未足额给付尹某等10人劳务报酬，欠薪金额从数千元至数万元不等，总欠薪金额达36万余元。尹某等10人起诉请求某单位支付欠付的劳务报酬。

【裁判结果】

审理法院认为，某单位未按时给付劳务报酬已构成违约，应当向尹某等10人支付拖欠的劳务报酬。为促进矛盾纠纷就地实质化解，减少当事人诉累，该系列案件以审理法院向某单位发布支付令、“诉前调解+司法确认”、诉讼调解等方式，确认某单位给付劳务报酬数额。

【典型意义】

法律规定督促程序的目的是简化程序，尽快稳定社会关系和经济关系。督促程序专门用于解决债权债务关系明确而债务人无正当理由拒不偿还债务的非讼案件。支付令是在督促程序中人民法院应债权人的申请作出的要求债务人向债权人给付一定的金钱或者有价证券的命令。债务人在法定期间内没有提出异议，支付令生效，债权人可申请人民法院强制执行；债务人在法定期间内提出书面异议，支付令则失效。本案中，人民法院通过发布支付令、“诉前调解+司法确认”等举措，发挥督促程序简便迅速、调解成本低、效果好的优势，以司法确认赋予调解协议法律强制执行效力，有力地维护了劳动者的合法权益，满足了人民群众多元司法需求。

案例四

被挂靠施工单位应承担“挂靠”施工导致欠薪的清偿责任

——卢某诉刘某、某建设公司、某置业公司劳务合同纠纷案

【基本案情】

郭某等借用某建设公司资质与建设单位某置业公司签订合同，约定某置业公司将案涉工程土建、安装工程承包给某建设公司。刘某以某劳务公司名义与郭某等签订劳务施工协议。刘某雇佣农民工卢某从事砌墙劳务工作。刘某向卢某出具8120元工资欠条。后刘某支付卢某3000元，某建设公司支付卢某1012元，尚欠工资4108元未付。某置业公司已按合同约定的比例向某建设公司支付工程款。卢某提起诉讼，请求刘某、某建设公司共同支付欠付工资，某置业公司在欠付工程款范围内承担付款责任。

【裁判结果】

审理法院认为，某建设公司为案涉工程施工单位。刘某承包了部分

劳务，卢某受刘某雇佣提供劳务，卢某与刘某之间存在劳务合同关系，刘某应支付欠付卢某的工资 4108 元。根据《保障农民工工资支付条例》第三十六条第二款的规定，某建设公司允许郭某等以公司名义对外承揽建设工程，对于拖欠的农民工卢某的工资应承担清偿责任。某置业公司作为建设单位，其将工程承包给某建设公司，且已按合同约定支付工程款，不应承担清偿责任。判令刘某、某建设公司支付卢某欠付工资。

【典型意义】

《保障农民工工资支付条例》对工程建设领域欠薪以专章形式作出规定，为农民工按时足额获得工资提供特别保护。法律法规明确规定工程建设领域禁止挂靠行为。《保障农民工工资支付条例》第三十六条第二款规定："施工单位允许其他单位和个人以施工单位的名义对外承揽建设工程，导致拖欠农民工工资的，由施工单位清偿。"在本案中，人民法院准确适用法律法规规定，对于施工单位出借资质允许其他单位或个人以施工单位名义对外承揽工程项目导致拖欠农民工工资的，判令承包劳务项目的个人和被挂靠施工单位共同承担清偿责任，避免各方主体互相推诿转嫁风险，既明晰了违法挂靠情形下拖欠农民工工资的清偿责任主体认定规则，又有利于倒逼施工单位依法依规参加建设活动，切实规范工程建设、劳动用工等行为。

案例五

用人单位变更工资支付方式应与劳动者协商一致

——杨某诉某培训中心劳动争议案

【基本案情】

某培训中心通过银行转账、微信转账或者支付宝转账形式向杨某发放工资。后某培训中心通过某购物平台向杨某支付工资，杨某只能按照比例从某购物平台提取部分工资。杨某认为某培训中心存在通过某购物平台发放工资未征得其同意且未足额支付工资等违法行为，申请劳动争议仲裁。后杨某不服仲裁裁决，提出要求某培训中心支付未足额发放的工资 14981. 76 元等诉讼请求。

【裁判结果】

审理法院认为，鉴于通过某购物平台支付工资导致杨某每月实得工资低于应得工资，某培训中心应当就改变工资支付方式与杨某协商一致。杨某无法通过某购物平台足额领取工资，已多次向某培训中心表示不希望通过某购物平台发放工资，某培训中心作为用人单位负有向劳动者及时足额支付劳动报酬的义务，判令某培训中心补足杨某的工资差额。

【典型意义】

用人单位负有向劳动者及时足额支付工资的法定义务。近年来，伴随经济与社会发展，部分用人单位选择通过第三方软件或者网络平台支付工资致使劳动者提取工资时存在不便，甚至被扣除部分费用，客观上导致劳动者收入水平降低。劳动者作为劳动关系中相对弱势方，无法自行选择劳动报酬的支付方式。本案明确了用人单位变更工资支付方式应与劳动者协商一致，且不应违反强制性法律规定；因用人单位的原因导致劳动者收入减少的，用人单位负有支付欠付工资义务等规则，引导用人单位依法行使经营自主权，全面维护劳动者的合法权益。

案例六

线上加班费应结合劳动者加班频率、时长、工资标准、工作内容等因素认定

——李某诉某文化传媒公司劳动争议案

【基本案情】

李某于2020年4月入职某文化传媒公司，担任短视频运营总监，双方签订了期限自2020年4月8日至2023年4月7日的劳动合同，约定了3个月的试用期，试用期工资标准为每月2万元。李某在2020年4月8日至2020年5月28日任职期间，在非工作时间完成了回复设计方案、方案改进等工作。2020年5月28日，某文化传媒公司以李某试用期不符合录用条件为由解除劳动关系，未支付李某加班费。李某认为某文化传媒公司存在未支付加班费等违法行为，申请劳动争议仲裁。后李某不服仲裁裁决，提出要求某文化传媒公司支付延时加班费19670.5元、双休日加班费26331元等诉讼请求。

【裁判结果】

审理法院认为，加班费数额应当综合劳动者岗位工作情况、用人单位业务特点及报酬给付标准等予以认定。因李某的工作无须在用人单位工作场所完成，且工作时间较为分散，难以量化考勤和进行科学的统计，审理法院根据李某提交的微信内容、自述公司的考勤时间及工资标准，酌情确定某文化传媒公司支付延时加班费1万元；根据微信内容等确定李某存在3天休息日到岗事实，判令某文化传媒公司支付休息日加班工资5517.24元。

【典型意义】

“线上加班”发生在非工作时间、非工作地点，工作安排及成果提交由线下转向线上，具有居家化、碎片化特点，不同于传统意义上在用人单位的加班，存在用人单位难以对劳动者进行实时监督管理、劳动者亦难以举证证明其加班时长等难题。在本案中，人民法院在认定“线上加班”加班费时，以劳动者提供的劳动占用其休息时间为认定标准，综合考虑劳动者的加班频率、时长、工资标准、工作内容等因素，酌情认定劳动者的加班费，依法保护劳动者的合法权益。

案例七

用人单位对农民工工资支付情况负有举证责任

——唐某诉某建筑劳务公司追索劳动报酬纠纷案

【基本案情】

唐某与某建筑劳务公司签订书面劳动合同，工作岗位为木工。后唐某在工作中受伤，被认定为工伤并进行了伤残等级评定。因双方对唐某受伤当月工资支付发生争议，唐某向劳动人事争议仲裁委员会申请仲裁，要求某建筑劳务公司支付其受伤当月工资。

【裁判结果】

劳动人事争议仲裁委员会认为，劳动争议调解仲裁法第六条规定，“发生劳动争议，当事人对自己提出的主张，有责任提供证据。与争议事项有关的证据属于用人单位掌握管理的，用人单位应当提供；用人单位不提供的，应当承担不利后果”，《保障农民工工资支付条例》第五十条规定，“农民工与用人单位就拖欠工资存在争议，用人单位应当提供依法由其保存的劳动合同、职工名册、工资支付台账和清单等材料；不提供的，依法承担不利后果。”某建筑劳务公司虽然主张唐某受伤当月仅工作十余天并已结清其工资，但未提供工资支付台账和清单等相应证据，应当承担举证不能的不利后果，遂认定唐某受伤当月全勤（唐某受伤日为当月最后一天），并根据双方均认可的唐某日工资标准，裁决某建筑劳务公司支付唐某受伤当月工资5000余元。

【典型意义】

我国劳动法律将保护劳动者的合法权益作为立法宗旨之一，在相关规定中充分考虑了劳动者特别是农民工举证能力不足的实际情况。在劳动争议案件中，工资支付台账和清单是认定用人单位是否依法履行工资支付义务的重要依据。《保障农民工工资支付条例》第十五条规定，“用人单位应当按照工资支付周期编制书面工资支付台账，并至少保存3年。书面工资支付台账应当包括用人单位名称，支付周期，支付日期，支付对象姓名、身份证号码、联系方式，工作时间，应发工资项目及数额，代扣、代缴、扣除项目和数额，实发工资数额，银行代发工资凭证或者农民工签字等内容。用人单位向农民工支付工资时，应当提供农民工本人的工资清单。”用人单位应当严格落实上述要求，编制、保存好农民工工资支付台账和清单，清晰记录工作时间、工资项目及数额等要素，避免在劳动争议仲裁及诉讼过程中承担举证不能的不利后果。

案例八

劳动保障监察机构依法调取的证据可作为仲裁证据使用

——赖某诉某房地产公司追索劳动报酬纠纷案

【基本案情】

某房地产公司拖欠赖某工资，当地劳动保障监察大队通过约谈公司负责人，督促其支付了赖某部分工资。赖某对工资支付数额存在异议，向劳动人事争议仲裁委员会申请仲裁，要求某房地产公司支付其余工资。

【裁决结果】

劳动人事争议仲裁委员会认为，《保障农民工工资支付条例》第三条第一款规定：“农民工有按时足额获得工资的权利。任何单位和个人不得拖欠农民工工资。”劳动人事争议仲裁委员会经开庭审理并结合劳动保障监察大队调查笔录认定工资支付数额，裁决某房地产公司支付赖某工资 5000 余元。

【典型意义】

劳动保障监察、劳动人事争议仲裁均为劳动者法定维权渠道。履行职能的机构应加强协作配合，对于统筹发挥劳动保障监察行政执法优势和劳动人事争议仲裁的准司法作用，提升农民工维权便利度，化解讨薪难问题具有积极意义。人力资源社会保障部与最高人民法院等五部门联合印发的《人力资源社会保障部、最高人民法院、中华全国总工会、中华全国工商业联合会、中国企业联合会/中国企业家协会关于实施

“护薪”行动全力做好拖欠农民工工资争议处理工作的通知》（人社部发〔2019〕80号）规定，“根据劳动争议仲裁、劳动保障监察职责特点和优势，按照有利于及时有效维护农民工合法权益原则，引导农民工依法理性选择维权方式。仲裁机构要与劳动保障监察机构加强协调配合，完善信息共享、事实互认、情况会商、协调处置等联动工作机制”；《人力资源社会保障部办公厅关于开展农民工工资争议速裁庭建设专项行动的通知》（人社厅函〔2023〕69号）规定，“对已经劳动保障监察机构行政处理意见认定的事实，除当事人已申请行政复议、提起行政诉讼外，速裁庭予以认可”，对推进两个机构联动工作机制建设提出了明确要求。各级劳动保障监察机构与劳动人事争议仲裁机构要立足职能职责，根据农民工维权需求及办案实践需要不断创新联动模式，更好维护农民工的劳动报酬权益。

案例九

发挥多元处理机制作用化解集体劳动争议

——李某等48人诉某制造公司追索劳动报酬纠纷案

【基本案情】

某制造公司因经营困难，拖欠李某等48名劳动者工资，并与部分劳动者协商解除劳动合同，导致双方矛盾激化。李某等人向劳动人事争议仲裁委员会申请仲裁，要求某制造公司支付工资、经济补偿等。

【处理结果】

案件所在地劳动人事争议仲裁委员会、法院、工会、司法、信访等部门立足法定职能，建立“五方联调机制”，常态化开展矛盾纠纷预防化解工作。区总工会征求劳动者意见，协调提供多个匹配工作岗位，率先促成 12 名申请人撤诉。劳动人事争议仲裁委员会坚持调解优先，与双方当事人多轮沟通、对争议焦点解疑释惑；司法局选派律师参与调解，了解劳动者需求、提供专业咨询。最终 32 名劳动者与某制造公司签订调解协议，劳动人事争议仲裁委员会现场制作调解书，某制造公司当场支付工资、经济补偿等共计 183 万余元。对于 4 名未签订调解协议的劳动者，劳动人事争议仲裁委员会开通农民工工资争议速裁“绿色通道”，及时有效保障其合法权益。

【典型意义】

集体劳动争议涉及劳动者人数多、社会影响大，办理效果直接关系劳动关系和谐与社会稳定。近年来，各地积极探索，不断完善党委领导、政府负责、人力资源社会保障部门牵头和有关部门参与、司法保障、科技支撑的劳动争议多元处理机制，发挥部门优势、形成调处合力。各部门通过劳动争议多元处理机制第一时间了解当事人诉求、问题，减少重复沟通和部门衔接环节，对于防范化解劳动关系风险、维护劳动者合法权益发挥了积极作用，推动矛盾纠纷得以快速柔性化解。

案例十

工会积极协调检察机关支持起诉助力劳动者维权

——牛某等 14 人诉某餐饮公司追索劳动报酬纠纷案

【基本案情】

牛某等 14 人均系务工人员，于 2021 年 1 月前后在某餐饮公司工作。2021 年 5 月，某餐饮公司歇业后未结清牛某等人的劳动报酬。同年9月，牛某等人向某餐饮公司所在区总工会寻求帮助。区总工会指派职工法律援助律师提供法律援助并代为提起劳动争议仲裁。因主要证据为电子证据，来源和真实性难以固定，牛某等人的请求事项未获劳动人事争议仲裁委员会支持。区总工会评估案情后，认为劳动者举证能力不足导致败诉，仅依靠工会维权律师调查取证存在较大难度，遂积极协调联系检察机关启动民事支持起诉机制。

【处理结果】

检察机关会同区总工会，共同前往留存电子证据的公司调查取证，核实案件关键证据真实性。在取得关键证明并固定证据后，检察机关向审理法院发出支持起诉书，为支持起诉调查取得的证据随支持起诉书一并提交给审理法院。因关键证据得到查证及固定，审理法院判决支持了牛某等人的诉讼请求。

【典型意义】

作为弱势群体的劳动者维护自身权益时常面临自身维权意识不足、证据收集能力较弱等难题。工会具有依法开展劳动法律监督，为劳动者提供法律援助等职能。在本案中，工会收到劳动者求助信息后，第一时间指派援助律师提供法律援助，帮助劳动者追索劳动报酬。面临取证难题时，工会积极协调，启动“工会+检察机关”职工劳动权益保障协同工作机制，联系检察机关支持起诉。检察机关行使调查核实权协助劳动者收集、固定证据，提出支持起诉意见。通过工会职工法律援助、劳动法律监督与检察机关依法支持起诉职能的有机联动，充分保护了劳动者的合法权益。

案例十一

多部门协同化解欠薪纠纷

——肖某等9名农民工欠薪纠纷案

【基本案情】

某装修公司与某装饰公司签订工程施工装修项目合同。某装修公司招用了多名农民工开展施工，后因资金周转问题，拖欠肖某等9名农民工工资。肖某等人作为代表到某镇职工法律服务一体化基地反映问题，寻求帮助。

【处理结果】

按照职工法律服务一体化基地部门职责分工，某镇总工会劳动法律监督委员会受理案件后，启动“园区枫桥”机制，第一时间通报镇政府、司法所、劳动保障所、人民调解委员会案件情况。随后，镇总工会劳动法律监督委员会指派工会劳动法律监督员对农民工反映的情况进行调查取证，核实相关情况，并向某装修公司发出《工会劳动法律监督提示函》，提示其要遵守劳动法律法规。镇总工会联合镇司法所、劳动保障所、人民调解委员会，多次组织相关当事人协商，最终促使当事人达成和解，农民工已领取工资。

【典型意义】

职工法律服务一体化基地以职工法援室、调解工作室、劳动争议仲裁庭、劳动法庭等设置为基础，汇集工会、法院、司法行政、人力资源社会保障等部门调解、法律援助、仲裁、诉讼等职能作用，主要为职工提供“一体化、一站式”法律服务。基地解决了过去矛盾纠纷化解渠道单一等问题，有利于就近、从快解决矛盾纠纷。地方工会联合多部门共同推动建设职工法律服务一体化基地，创建劳动关系领域“园区枫桥”机制，力争做到“小事不出企业、大事不出园区、矛盾不上交”，把劳动纠纷化解在基层、解决在萌芽状态。在本案中，职工法律服务一体化基地及时启动“园区枫桥”机制，工会及时向企业发出《工会劳动法律监督提示函》，引导当事人知法、用法、守法，积极履行法律责任，多方联动通过调解方式及时为农民工追回拖欠的工资，实现了纠纷的实质性化解。

案例十二

“法院+工会”诉调对接促进矛盾纠纷实质化解
——颜某等11名农民工欠薪纠纷案

【基本案情】

颜某等11名农民工在承包商商某的维修改造项目中承担涂料工作。工程完工后，商某拖欠颜某等人工资6万余元。颜某等人多次要求商某支付工资，商某以各种理由一直拒付。颜某等人到某县“法院+工会”诉调对接工作室请求帮助。

【处理结果】

工会调解员了解到商某因不履行其他案件判决已被人民法院拘留后，立即与人民法院沟通联系，促成商某向人民法院出具该案的还款计划。后经工会调解员调解，颜某等8名农民工当场与商某达成协议并签字。因另3名农民工在外地，工会调解员通过法院网上调解平台，组织当事人调解达成协议。调解协议达成后，人民法院及时对调解协议进行了司法确认。目前，调解协议已经履行完毕。

【典型意义】

工会充分履行化解劳动关系矛盾纠纷的职能，联合人民法院积极打造协调联动、便民高效的“法院+工会”诉调对接模式，有效实现了一站式受理、一揽子调处、全链条化解。人民法院强化信息化平台建设，开展矛盾纠纷在线咨询、分流、调解、反馈、司法确认，确保案件网上流转顺畅，信息数据互通共享。在本案中，当地工会发挥组织优势，认真听取劳动者的意见和诉求，找准解纷“切入口”，依托法院调解平台，通过线下线上调解结案，充分展现了“法院+工会”诉调对接快速便民的优势，为农民工解决追索欠薪的烦心事，让人民群众的幸福感和获得感更真实、更充实。

案例十三

发挥 12351 热线功能维护劳动者合法权益

——某楼盘项目承建商欠薪纠纷案

【基本案情】

某省总工会 12351 服务职工热线接到陈某来电，称某楼盘项目工地拖欠 30 多人的工资，希望工会介入协调、跟进处理，协助职工追讨被拖欠的工资。12351 职工热线平台及时向属地工会派发工单，要求限期办理。

【处理结果】

经涉事企业所在镇总工会调查核实，楼盘项目承建商某建设公司欠付百余名工程装修工人的工资。经镇总工会、人力资源社会保障、综治办、公安、社区工联会等部门与某建设公司、劳动者双方协商，某建设公司于当天支付120名工人的工资。镇总工会、住建部门等多部门联合居中协调后续欠付工资维权事宜，某建设公司支付了全部剩余工资。

【典型意义】

12351服务职工热线是职工维护自身合法权益的重要渠道。12351职工热线平台实行全省来电统一接听、律师和客服分类解答、工单逐级交办，为职工提供7×24小时、全年无休的服务。职工向12351职工热线平台提出需求后，平台通过工单系统派发给承办单位，由其签收并办理。工单的办理及结果报送工作，遵守“属地管理、分级负责，谁主管、谁负责”“依法、及时、就地解决问题与疏导教育相结合”的原则。承办单位安排专人对工单进行协调处理，在规定期限内办结，实施回访制度，确保职工诉求得到及时回应。在本案中，12351服务职工热线接到投诉举报以后，及时交办属地工会进行调查核实。当地工会协调有关部门合力做好劳动争议协商调处工作，发挥多部门联动机制作用，及时依法维护职工合法权益，维护社会和谐稳定。

法答网精选答问

法答网精选答问（第四批）（节录）

问题3：实际借款人涉嫌贷款诈骗罪，名义借款人与出借人签订的借款合同之效力如何认定？还款责任如何承担？

答疑意见：一是关于借款人的确定问题。实际借款人委托名义借款人借款的，应当依据民法典第九百二十五条、第九百二十六条有关间接代理的规定来确定借款合同的当事人，即视出借人在订立借款合同时是否知情作不同处理：出借人在签订借款合同时知道或者应当知道名义借款人与实际借款人之间的代理关系的，借款合同直接约束实际借款人与出借人，因此应当认定实际借款人是借款合同当事人，除非出借人有确切证据证明借款合同只约束名义借款人。出借人对代理关系不知情的，应当认定名义借款人是借款人；名义借款人披露实际借款人的，出借人有权选择名义借款人或者实际借款人作为相对人。

二是关于借款合同效力问题。实际借款人被认定贷款诈骗犯罪，意味着刑事判决已经认定实际借款人为借款合同当事人。依据前述规则，如果民事诉讼也认定实际借款人为借款合同当事人，就涉及构成贷款诈骗罪是否影响合同效力问题。在认定合同效力时，要依据民法典有关民事法律行为效力的规则来认定，而不能简单地认为只要构成犯罪，就应一律认定合同无效。在贷款诈骗犯罪场合，依据民法典第一百四十八条有关欺诈的规定，应当认定该合同为可撤销合同。应当注意的是，在合同效力归属（当事人认定）上，刑事判决认定实际借款人构成贷款诈骗犯罪，并不当然意味着民事诉讼也必须认定借款合同就发生在出借人和实际借款人之间。换言之，在行为的法律效果归属问题上，也要依据民法典第九百二十五条、第九百二十六条等规定来确定借款合同的当事人。如果民事判决认定名义借款人是借款合同当事人的，此时实际借款人构成贷款诈骗罪并不影响借款合同的效力。

三是关于名义借款人的责任及其与刑事责任的协调问题。如果认定合同关系发生在实际借款人和出借人之间，因名义借款人不是合同当事人，其无须承担借款合同项下的责任。如果民事判决认定合同关系发生在名义借款人与出借人之间，则名义借款人根据民事判决承担借款合同项下的还本付息责任，实际借款人根据刑事判决承担退赃退赔责任，二者构成不真正连带责任，不存在比例责任或补充责任的问题。此时，人民法院要在执行环节做好协调工作，避免债权人重复受偿。

咨询人：徐楚/浙江省高级人民法院民事审判第五庭

答疑专家：麻锦亮/最高人民法院民二庭

问题4：债权人代位权的行使是否受到仲裁协议的限制？

答疑意见：对此可从两个层面来考虑。

（1）债务人与相对人之间的债权债务关系订有仲裁协议的，不影响债权人对相对人提起代位权诉讼。

首先，这是由民法典的制度设计所决定的。根据民法典第五百三十五条第一款的规定，代位权只能通过向人民法院起诉的方式行使。如果代位权诉讼受仲裁协议约束，则债务人为损害债权人利益，可能恶意采取与相对人事先订立仲裁协议的方式排除债权人行使代位权，从而导致代位权制度被实质架空。

其次，这也是由代位权的权利性质所决定的。代位权源自法律的直接规定，属于法定权利，而非约定的权利，也不能通过约定的方式排除该权利的行使。代位权既非代理权，也不同于债权转让，不存在仲裁协议也由债权人继受的法理基础。

最后，这还是由意思自治原则所决定的。在代位权诉讼中，债权人并非债务人与相对人签订的合同的一方当事人，也非该合同项下的权利义务受让人。故债务人与相对人之间约定的仲裁条款对债权人并无约束力，仲裁协议不能对抗债权人代位权诉讼的法定管辖，否则等于强迫债权人接受自己未订立的协议。

代位权诉讼不受债务人与相对人之间仲裁协议的约束，是最高人民法院一直坚持的司法立场。根据原《最高人民法院关于适用〈中华人民共和国合同法〉若干问题的解释（一）》第十三条的规定，债务人怠于行使权利是指不以诉讼或者仲裁方式主张权利，据此可以直接得出代位权行使不受仲裁协议约束的结论。《最高人民法院关于适用〈中华人民共和国民法典〉合同编通则若干问题的解释》（以下简称《合同编通则解释》）第三十六条也再次重申了这一立场，即债权人提起代位权诉讼后，债务人或者相对人以双方之间的债权债务关系订有仲裁协议为由对法院主管提出异议的，人民法院不予支持。需要注意的是，《合同编通则解释》第三十六条也特别强调了对仲裁协议的尊重和维护，即如果债务人或者相对人在首次开庭前就债务人与相对人之间的债权债务关系申请仲裁的，人民法院可以依法中止代位权诉讼。

综上所述，债务人与相对人之间订有仲裁协议的，不影响债权人对相对人提起代位权诉讼，但是可能会引起诉讼中止。

（2）债权人与债务人之间的债权债务关系订有仲裁协议的，也不影响债权人提起代位权诉讼。

这是因为该仲裁协议只在当事人对债权人是否享有债权及其数额大小有争议时才有意义。但是债权是否存在是代位权行使的实体条件，而非程序条件。《合同编通则解释》第四十条第二款规定，债务人的相对人仅以债权人提起代位权诉讼时债权人与债务人之间的债权债务关系未经生效法律文书确认为由，主张债权人提起的诉讼不符合代位权行使条件的，人民法院不予支持。这里的生效法律文书当然也包括仲裁裁决书。据此，即使债权人与债务人之间的债权债务关系未经仲裁，也不影响人民法院就代位权诉讼作出实体裁判，自然也不能影响人民法院对相应纠纷行使管辖权。根据《合同编通则解释》第三十七条第一款的规定，在代位权诉讼中，债务人作为第三人参加诉讼。因此，如果债务人对债权人享有的债权及其数额没有争议，则旨在解决债务人与债权人之间纠纷的仲裁协议不会发生作用。当然，如果债务人对债权人是否享有债权及其数额大小有争议，则该争议只能通过仲裁程序解决。如果该争议直接影响受理代位权诉讼的人民法院对代位权是否成立的判断，则属于民事诉讼法（2021 年修正）第一百五十三条第一款第五项规定的“本案必须以另一案的审理结果为依据，而另一案尚未审结的”情形，代位权诉讼应当依法中止，等待仲裁程序就债权人与债务人之间的债权债务关系作出裁决。可见，此时也只是影响代位权诉讼的进行，仍然不影响债权人提起代位权诉讼。

综合以上两个层面考虑，倾向于认为：债权人与债务人、债务人与相对人之间的两段债权债务关系各订有仲裁协议，也不影响债权人提起代位权诉讼。与《合同编通则解释》一同发布的典型案例五“某控股株式会社与某利公司等债权人代位权纠纷案”即属此类情形。

咨询人：卢燊绅/江苏省高级人民法院研究室

答疑专家：蒋家棣/最高人民法院研究室民事处

法答网精选答问（第五批）（节录）

问题 2：能否依据交通事故责任认定中的“全责”或“主责”认定“好意同乘”规定中的“重大过失”？

答疑意见：民法典第一千二百一十七条规定的“好意同乘”中驾驶人重大过失一般指严重违反最基本的注意义务，例如，驾驶人存在酒后驾驶、无证驾驶、行驶中闯红灯等明显违法行为情形。交通事故责任认定书中对驾驶人作出的全责或主责认定，只能作为评判的考量因素，不能仅凭此当然认定驾驶人存在重大过失。例如，驾驶人仅因通常认为的一般过失造成交通事故，但如果对方完全没有过错或者造成的是单方事故，在交通事故责任认定上仍会被评判为“全责”；反之，如果一方驾驶人存在无证驾驶等重大过失，但对方驾驶人同时存在醉酒驾驶等更为严重且直接导致事故的违法行为，在事故责任认定上可能会评判对方驾驶人为“主责”，无证驾驶一方因此仅被评判为“次责”，但在侵权责任过错评价上，可以认定双方都存在重大过失。因此，不能单纯以交通事故认定书上的事故责任认定判断行为人是否构成重大过失，而应当根据驾驶人的客观行为表现及主观心理状态等全案事实作出综合判断。

咨询人：宋杨/山东省威海市中级人民法院

答疑专家：孔祥雨/山东省高级人民法院审判监督二庭

问题3：守约方为申请诉前财产保全而投保的财产保全责任险的保险费，能否由违约方赔偿？

答疑意见：守约方主张违约方赔偿其为申请诉前财产保全而投保的财产保全责任险的保险费的，人民法院原则上不予支持，除非当事人在合同中明确约定该保险费将作为守约方实现债权的费用由违约方承担，且该保险费必要、合理。对于上述保险费是否必要、合理的认定，人民法院可以根据以下因素个案衡量：其一，申请财产保全是否必要；其二，申请财产保全的范围是否与人民法院最终判决支持原告主要诉讼请求的金额（如判令违约方承担违约责任的金额）相当。

咨询人：陈建红/新疆维吾尔自治区高级人民法院民二庭

答疑专家：苏蓓/最高人民法院民二庭

问题4：环境民事公益诉讼中，替代性修复责任如何统一适用标准？

答疑意见：生态环境修复往往技术复杂、过程漫长，是一项综合系统治理工程。如何量化生态环境损害、受损生态环境能否修复、具体采取何种措施才能恢复应有的生态系统服务功能、如何管护才能达到生态修复的目的等，一定程度上受制于不同的环境要素种类、生态环境恢复的目标、恢复生态学的基本原理和生态环境鉴定评估技术政策等。例如，大气、水流具有自净能力，受到污染后因自净而无必要进行直接生态环境修复的情况下，可以采取替代性修复方式。而土壤污染、固体废物污染等因损害难以自净、自然恢复时间过长等因素，需判断修复责任的具体履行形式。

生态环境修复责任的履行，一般应当采用直接修复的方式。例如，盗伐、滥伐林木造成生态破坏，原地原样补植树木是直接修复的优选方式，可以依据林业部门出具的专业意见制订详细修复方案，明确补植复绿的栽植品种、规格、数量、时间、养护期限和要求等。如果确实无法直接修复，可以充分考虑在经济性、行为相当性和自愿性的基础上，依据修复对象的不同，采取替代性修复的方式。替代性修复方式包括同地区异地点、同功能异种类、同质量异数量、同价值异等级等可以使生态环境恢复到受损害之前的功能、质量和价值的情形。例如，鉴定机构出具专业意见建议采取在受损区域异位恢复与受损生态环境基线同等类型和质量的生境并补偿期间损失的修复。又如，针对珍贵、濒危动植物物种的侵害，明显无法直接恢复的，则需要综合考量物种生态价值和生态功能，从有利于提升受损区域整体保护效果，能够实现受损区域保护目标的角度，确定修复方式。

咨询人：张满洋/江西省高级人民法院环资庭

答疑专家：刘慧慧/最高人民法院环资庭

司法实务问题研究

担保人破产的实务要点探析：“双重受偿”的审查及追偿问题

鲍　国*

现有法律规定和实务研究多聚焦于主债务人破产的情形。对于保证人破产，《最高人民法院关于适用〈中华人民共和国企业破产法〉若干问题的规定（三）》（以下简称《破产法解释三》）第四条和第五条规定有所涉及。其中，第四条规定的是追偿权，即保证人破产后，保证债权在保证人破产申请受理时视为到期，且保证人实际承担的清偿额可以向主债务人或其他债务人求偿；第五条规定的是债权的申报和调整，即在债务人和保证人均破产的情形下，债权人有权向债务人、保证人分别申报债权，且债权人从一方破产程序中获得清偿后，其对另一方的债权额不作调整，“但债权人的受偿额不得超出其债权总额”。

民法典及《最高人民法院关于适用〈中华人民共和国民法典〉有关担保制度的解释》（以下简称《民法典担保制度解释》）秉承构建

* 作者单位：浙江省人工智能产业技术联盟委员。

“共同担保的统一规则”之理念，[①] 将人保和物保打通，将“保证人”和“抵押人”统称为“担保人”。正如《破产法解释三》第四条和第五条所指，担保人破产存在两大核心问题：一是破产债权的申报和调整，特别是当债权人既申报破产债权，又从未破产的主债务人和其他担保人处主张权利时，对债权人是否超额受偿的认定问题；二是破产担保人实际清偿后的追偿问题。

本文从一则担保人破产的案例出发，对上述问题从实务角度细化分析，一方面，对管理人办理担保人破产案件时需要注意的问题提供处理方案和依据，另一方面，针对相关争议问题和程序，对企业破产法及相关司法解释的修改提供建议。

一、案例介绍

债务人张某向债权人 A 公司借款 300 万元，由张某控股的 B 公司提供不动产抵押，由 B 公司和张某的朋友 C、D、E 提供连带责任保证，各方之间的借款担保合同纠纷已经生效民事判决所确定：（1）借款人张某应归还 A 公司借款本金 300 万元，并支付自 2016 年 6 月 5 日起至该款付清日止按月利率 1%计算的利息，支付律师费 2 万元；（2）A 公司对抵押担保人 B 公司提供的抵押财产经法定程序处置所得价款享有优先受偿权；（3）B 公司、C、D、E 对上述债务承担连带保证责任。该判决的履行期于 2016 年 9 月 5 日届满。A 公司对该判决申请执行。

2017 年 10 月 6 日，法院裁定受理案外人对担保人 B 公司的破产申请。

2017 年 10 月 10 日，债权人 A 公司从担保人 C 和 D 的另案执行款中扣划 90 万元。

2017 年 10 月 20 日，债权人 A 公司向担保人 B 公司管理人申报债

① 参见吴光荣：《共同担保人之间的追偿问题——以共同担保的再类型化为中心》，载《法律适用》2021 年第 3 期。

权，包括本金300万元，2016年6月5日至2017年10月5日按月利率1%计算的利息48.8万元，律师费2万元，共350.8万元。管理人认可。

2018年3月6日，担保人B公司管理人处置完担保人B公司抵押物后，按债权人A公司申请，向其先行支付75%的变价款120万元。

2018年5月6日，担保人C和D与债权人A公司达成协议，担保人C和D再支付债权人A公司150万元后，A公司不再追究担保人C和D的保证责任。担保人C和D当日向债权人A公司付清150万元。

2020年11月30日，担保人B公司完成破产财产分配，向债权人A公司支付剩余25%的变价款40万元。

担保人B公司管理人向债务人张某，担保人C、D、E提起诉讼，要求张某归还代偿款项。张某抗辩，其从债权人A公司的借款实际用于B公司的不动产开发，故主张以其在担保人B公司破产前向B公司的多笔转账债权抵销担保人B公司的代偿债务。担保人C和D抗辩其已经两次清偿债务。

二、问题一：债权人“双重受偿”的审查和处理

（一）债权人的“并行”受偿权

在案例中，债权人A公司既向担保人B公司申报破产债权，又从担保人C、D处受偿，系债权人依法通过多种途径“并行”受偿，于法有据。已经废止的《最高人民法院关于适用〈中华人民共和国担保法〉若干问题的解释》（以下简称《担保法解释》）第四十四条第一款规定，保证期间，债权人既可以向破产的债务人申报债权，也可以向保证人主张权利。这里规定的向破产债务人申报债权和向保证人主张权利，究竟是择一行之，还是并行不悖，一度引发法律界“择一说”和“并

行说”的争论。[1] 最高人民法院对《关于担保期间债权人向保证人主张权利的方式及程序问题的请示》的答复对该争议问题提供了较明确的解答，即对于债权人申报了债权，同时又起诉保证人的保证纠纷案件，人民法院应当受理。[2] 根据《民法典担保制度解释》第二十三条第一款规定，债权人在债务人破产案件中申报债权后，又起诉担保人，请求担保人承担责任的，法院依法予以支持，进一步确定了民法典施行后债权人的“并行”受偿权。

（二）债权人“双重受偿”时的返还义务

债权人“并行”受偿受法律保护，随之而来的问题就是如何审查和避免债权人在“并行”受偿过程中超额受偿，即债权人“双重受偿”问题。

1. 主债务人破产情形下，债权人“双重受偿”的处理规定

企业破产法、《担保法解释》和《全国法院破产审判工作会议纪要》（以下简称《会议纪要》）均未对债权人“双重受偿”作出规定。部分地方法规认为，债权人的“双重受偿”应通过执破程序的衔接避免。江苏省高级人民法院民事审判第二庭于 2017 年 11 月 17 日印发的《破产案件审理指南（修订版）》“与受理破产申请有关的事项”部分第十三条和山东省高级人民法院于 2019 年 9 月 26 日印发的《山东省高级人民法院企业破产案件审理规范指引（试行）》第一百条均规定，债权人既申报破产债权，又起诉连带债务人的，生效判决认定连带债务人承担清偿责任的，“案件执行程序与企业破产程序之间应当做好衔接，避免债权人双重受偿”。

---

① 参见王欣新：《主债务人破产程序中停止计息的效力不应及于保证人》，载微信公众号“中国破产法论坛”，2020 年 11 月 30 日上传。

② 参见郁琳：《“债权人可同时主张保证责任”的理解与适用》，载《人民司法·案例》2018 年第 26 期。

最高人民法院首次对债权人“双重受偿”作出明确指引是在《民法典担保制度解释》第二十三条第二款规定中，其规定：“……在债权人的债权未获全部清偿前，担保人不得代替债权人在破产程序中受偿，但是有权就债权人通过破产分配和实现担保债权等方式获得清偿总额中超出债权的部分，在其承担担保责任的范围内请求债权人返还。”这与《破产法解释三》第五条规定相呼应。第五条一方面规定在债务人、保证人均破产的情形下，债权人分别申报债权，且债权人从一方破产程序中获得清偿后，其对另一方的债权额不作调整，但同时规定“债权人的受偿额不得超出其债权总额”。可见，不论是在主债务人破产，还是担保人破产的情形下，主债务人并行受偿的总额都需要注意不超过其债权总额，否则，应予以返还超额受偿的部分。

2. 担保人破产情形下，债权人“双重受偿”的规定和处理方案

在案例中，债权人A公司既在破产担保人B公司处申报债权，又从担保人C、D处受偿，管理人和法院同样需要注意审查债权人A公司是否超额受偿。依据《民法典担保制度解释》第二十二条规定，主债务人破产后，担保债务和主债务均“自人民法院受理破产申请之日起停止计息”。该规定与《民法典担保制度解释》第三条第二款一脉相承，系基于担保债务的从属性原则。[①] 但不同于主债务人破产的情形，担保人B公司破产申请被受理后，张某的主债务并不会随着担保人B公司的担保债务停止计息。相应地，担保人C、D、E的担保债务也正常计息。因此，债权人A公司在担保人B公司处的破产债权额小于仍不断计息的主债权额和对担保人C、D、E的担保债权额（“未破产债权额”）。这时，认定债权人A公司是否超额、“双重受偿”，则需要对债权人A公司的破产债权额和未破产债权额受偿情况区分计算。

① 参见王兆同、陈垚：《〈民法典〉担保司法解释对破产程序的影响》，载微信公众号“中国破产法论坛”，2021年1月4日上传。

3. 债权人A公司“双重受偿”的实务计算和分析（见表1）

表1　债权人A公司受偿情况　　单位：万元

并行受偿	本金余额	计息期间	利息	加倍利息	共付息	还本金
担保人C、D偿还90	300	2016年6月5日—2017年10月10日	49.3	21.0525	70.3525	17.6475
担保人B支付120	282.3525	2017年10月11日—2018年3月6日	13.8353	7.2635	0	120
担保人C、D偿还150	162.3525	2018年3月7日—2018年5月6日	3.3012	1.7331	26.1331	123.8669
担保人B支付40	38.4856	2018年5月7日—2020年11月30日	12.0460	6.3241	0	38.4856

（注：表中灰色底纹部分为担保人C、D两次清偿的债权用途。）

债权人A向担保人B公司管理人申报债权额为350.8万元，包括300万元本金和该款按月利率1%计算到破产申请受理日前一日即2017年10月5日的利息48.8万元，以及2万元律师费。而债权人A公司对担保人C、D的债权在2017年10月5日后因为继续计息而不断增加。

可见，债权人A公司的未破产债权额高于其破产债权额。未破产债权额高出破产债权额的部分，即自2017年10月6日担保人B公司破产申请被受理日起至未破产债权履行完毕日（对担保人C、D而言，则为2018年5月6日达成执行和解协议日）止的利息。担保人C和D每次清偿时，也均需要先清偿新产生的利息，剩余部分才用于清偿债务本金。

对于破产债权，由于自2017年10月6日担保人B公司破产申请被受理之日起，破产债权停止计息，且债权人A公司在此前持有的债权利息和律师费在担保人C、D于2017年10月10日清偿90万元时已经偿清，因此，担保人B公司的两次清偿，均用于清偿债权本金，共1584856元。

其中，担保人B公司于2020年11月30日清偿40万元时，由于届时债权人A的剩余债权本金仅为384856元，故在清偿完本金后，剩余的15144元（400000-384856=15144）系债权人A公司超出破产债权额的受偿部分，应由债权人A公司返还给担保人B公司。

而未破产债权，担保人C、D两次向债权人A公司支付的240万元均需要先扣除新增长的利息，担保人C、D实际清偿的债权本金为1415144元。其中，担保人C、D于2018年5月6日和债权人A公司达成执行和解协议并履行完毕后，担保人C、D免除担保责任。而担保人E和主债务人张某仍应对自2018年5月7日担保人C、D脱保后至2020年11月30日管理人偿清债权本金前的利息120460元和加倍利息63241元承担清偿责任。

可见，在担保人B公司破产程序中，尽管债权人A公司的未破产债权尚未偿清，其对担保人B公司的破产债权额已经超额受偿，债权人A公司需要将破产债权超额受偿的15144元返还给破产担保人B公司。

（三）破产债权额的审查和调整

假设担保人B公司的管理人知悉债权人A公司同时从担保人B公司的破产程序和从担保人C、D处"并行"受偿的，担保人A公司的破产债权额是否需要随着担保人C、D的每次清偿而调整？笔者认为应区分情况处理。

首先，债权人A公司于2017年10月20日在担保人B公司处申报破产债权额350.8万元，包括本金300万元，2016年6月5日至2017年10月5日按月利率1%计算的利息48.8万元和律师费2万元，债权人A公司存在故意隐瞒实际受偿的情形，涉嫌未如实申报债权（见表2）。

表2　债权人A公司申报破产债权额中实际已受偿情况

债权人A公司申报破产债权350.8万元	2017年10月10日担保人C、D支付90万元的清偿项目	
本金300万元	已清偿176475元	未清偿2823525元（实际破产债权额）
2016年6月5日至2017年10月5日的利息48.8万元	全部偿清	另外清偿2017年10月6日至2017年10月10日的利息5000元，2016年9月5日至2017年10月10日的加倍利息210525元
律师费2万元	全部偿清	

（注：表中灰色底纹部分为2017年10月10日担保人C、D支付90万元的清偿项目。）

该350.8万元的债权额实际系2017年10月6日担保人B公司破产申请被受理之日的债权额，但此后债权人A公司于2017年10月10日从担保人C、D处受偿90万元，该90万元在清偿2万元律师费和截至2017年10月10日的利息后，还清偿了本金176475元。因此，债权人A公司于2017年10月20日申报债权时，按照实际情况应当申报的破产债权额仅为本金2823525元。

而当债权人A公司对担保人B公司的破产债权被管理人审查并经法院裁定确认后，债权人A公司继续自担保人C、D处受偿时，则可以参照《破产法解释三》第五条的规定，无须逐次调整其破产债权额。但是，债权人A公司应当将受偿情况如实、及时地向法院及担保人B公司的管理人告知，以保证其受偿总额未超过破产债权额。

另外，债权人A公司在担保人B公司处申报债权时，未申报破产前的加倍利息，担保人B公司管理人依据其申报予以确定债权，并无不妥。退一步说，即使债权人A公司申报了该加倍利息，担保人C和D在2017年10月10日清偿的90万元也已经偿清了该部分加倍利息，对案例的计算分析并无影响。

三、问题二：对代偿债权的抵销权抗辩和执行问题

依据《破产法解释三》第四条的规定，保证人实际承担的清偿额可以向主债务人或其他债务人求偿。在案例中，担保人B公司的管理人向债务人张某提起追偿诉讼，张某以其对担保人B公司在破产受理前的借款债权主张抵销。

（一）被追偿人对破产后代偿债务的抵销权抗辩

在案例中，张某系担保人B公司的控股股东，其抗辩由于担保人B公司无法贷款，其以个人身份向债权人A公司所借贷款实际用于担保人B公司（但从证据形成时间上，张某向担保人B公司转账在先，张某以担保人B公司不动产抵押担保贷款在数年之后，二者并不能直接对应）。故在担保人B公司对张某的追偿诉讼中，张某以破产前向担保人B公司的借款债权，主张抵销担保人B公司的代偿债权。担保人B公司的管理人发现，担保人B公司移交的财务资料记录了张某与担保人B公司之间相互大量资金往来，其中部分有银行转账凭证，部分仅有财务记录，张某在诉讼中对部分转账提供了盖有担保人B公司公章的借条，约定利息为年利率18%。

对于破产后形成的代偿债务能否以破产前对破产担保人所持有的债权抵销，担保人B公司的管理人存在两种观点。

第一种观点认为可以抵销。依据民法典第五百六十八条的规定，当事人互负债务，该债务的标的物种类、品质相同的，任何一方可以将自己的债务与对方的到期债务抵销。担保人对主债务人的追偿债权，以及主债务人主张的借款债权，均属于金钱债权，故原则上可以抵销。另外，依据企业破产法第四十条规定的“债权人已知债务人有不能清偿到期债务或者破产申请的事实，对债务人负担债务的；但是，债权人因为法律规定或者由破产申请”的不得抵销的情形，由于担保人B公司

为张某代偿的相关借款和担保合同发生于破产申请 1 年前，因此该代偿债务属于企业破产法规定的不得抵销的例外情形，应当能够抵销。

第二种观点则认为不能抵销。企业破产法第四十条规定的破产抵销权为“债权人在破产申请受理前对债务人负有债务的，可以向管理人主张抵销”，可见，债权人行使抵销权的对象仅为其“在破产申请受理前对债务人负有的债务”。依据民法典及其司法解释的相关规定，代偿债务自实际代为清偿之后确立。在案例中，张某主张抵销的系担保人 B 公司在破产程序中代其清偿的债务，故该代偿债务是在破产申请被受理后确立的，不符合企业破产法第四十条所述的债权人有权抵销的情形，因此张某的抵销主张不能成立。即使张某的主张属于企业破产法第四十条“不得抵销”的但书条款规定的例外情形，该例外情形也必须在满足前述破产抵销权规定的基础上才能适用，这从“债权人在破产申请受理前对债务人负有债务的，可以向管理人主张抵销。但是，有下列情形之一的，不得抵销……”的转折表述中可以看出。

本案实际审理中，一审、二审法院均从张某对担保人 B 公司的债权金额未经认定、张某作为实际控制人对担保人 B 公司的借款债权合法性存疑等角度，驳回张某的抵销抗辩。对于抵销权本身，法院在沟通过程中表示，其内部意见偏向观点一，认为张某主张抵销的代偿债权形成于担保人 B 公司破产后，不符合企业破产法第四十条所规定的破产抵销权行使条件。

（二）破产程序终结后的执行主体和权利存续

担保人 B 公司向主债务人张某追偿的判决生效并进入执行后，执行案件随着担保人 B 公司的破产终结和工商注销可能出现执行主体程序变更和实体权利存续的问题。

依据企业破产法第一百二十条、第一百二十一条、第一百二十二条的规定，破产人财产分配完毕后，管理人应当请求法院裁定终结破产程序，办理破产人的工商注销登记；管理人于注销登记次日终止执行职务，但是，存在诉讼或者仲裁未决情况的除外。

担保人B公司在追偿起诉前，已经处置完破产财产并向债权人清偿，符合企业破产法第一百二十条规定的管理人请求法院裁定终结破产程序，办理担保人B公司注销登记的条件。由于企业破产法第一百二十条仅排除“存在诉讼或者仲裁未决”的情形，并不包括执行未到位的情形，且实务中涉破产执行案件多数难以得到执行。故笔者认为，担保人B公司管理人可以在取得终结本次执行的裁定后，申请终结破产程序，办理注销登记，终止执行职务。

依据民事诉讼法（2017年修正）第二百五十六条第一款第四项的规定，对于执行一方当事人的法人或其他组织终止，且尚未确定权利义务承受人的，法院应当裁定中止执行。可见，当担保人B公司被注销登记后，需要为担保人B公司的追偿执行案件确定权利承受人。

担保人B公司的权利承受人应当是担保人B公司的债权人。依据企业破产法第一百二十三条的规定，债权人在破产程序终结之日起2年内，发现破产人有应当供分配的其他财产时，可以请求人民法院按照破产财产分配方案进行追加分配。上海法院曾有案例，[①] 在裁定终结破产程序后，判决支持全体债权人向破产债务人公司的股东在认缴出资义务范围内继续清偿公司债务的诉讼请求，法官分析认为“本案二原告……作为L公司经司法裁定确认的全部债权人共同起诉，其实质属于债务人企业破产后对可供分配财产的追加分配。”相似地，担保人B公司的债权人在担保人B公司注销后成为追偿执行案件的申请主体，其实质也属于债权人对担保人B公司可供分配财产追加分配。可能存在争议的是，企业破产法仅规定债权人在破产程序终结之日起2年内有权请求追加分配，如果担保人B公司执行案件在破产终结2年之后发现B

① 参见徐子良：《将破产衍生诉讼后置于破产程序终结之后，作为追加分配方式，宝山法院这样判……》，载微信公众号“上海宝山法院”，2021年7月15日上传。

公司有可供执行财产的，担保人B公司的债权人是否因为无权要求追加分配而丧失主体资格？最高人民法院对《会议纪要》的理解与适用文章中认为该2年应为除斥期间，不得延长或中止，否则虽然有利于债权人利益的保护，但不利于交易安全，更会造成追加分配的不可预知性和程序的复杂性。① 因此，《会议纪要》对于破产清算程序终结2年后的追加分配问题未予补充规定，以确保程序终结后法律关系的稳定。

基于"特别法优于一般法"的原则，上述2年的除斥期间可能对追偿纠纷的实体执行权利具有约束力。如果认为破产程序终结日起2年后，追偿纠纷或其他涉破产纠纷的执行案件申请执行人或其"权利承受人"均丧失受偿权利的，人民法院可以在破产终结满2年无财产可供执行后，由法院依据民事诉讼法（2017年修正）第二百五十七条第六项"人民法院认为应当终结执行的其他情形"的规定，裁定终结执行。

但实务中，法院在破产终结满2年无财产可供执行后，依职权终结执行，较难操作。如果在2年后执行到财产的，法院可以先考量可执行财产的金额，如果财产数量不足以支付分配费用的，可以直接参照企业破产法第一百二十三条第二款，"但财产数量不足以支付分配费用的，不再进行追加分配，由人民法院将其上交国库"的规定，将执行到的财产上交国库。

四、意见和建议

与主债务人破产相比，担保人破产需要注意两大问题：一是在破产担保债权审查中，避免债权人"双重受偿"问题；二是破产担保人实际清偿后，向主债务人追偿诉讼和执行中的法律适用和程序问题。

---

① 参见贺小荣、葛洪涛、郁琳：《破产清算、关联企业破产以及执行与破产衔接的规范与完善——〈全国法院破产审判工作会议纪要〉的理解与适用》，载《人民司法·应用》2018年第16期。

（一）破产债权审查：明确债权人报告义务，管理人尽到审查义务

对于破产担保债权的审查，需要注意债权人通过破产程序和向未破产债务人主张的受偿总额是否超过破产债权额，即债权人是否“双重受偿”。由于在担保人破产申请被受理后，未破产债权不停止计息，破产债权额小于未破产债权额，债权人“并行”受偿的，很可能同一债权人的受偿总额已经超出破产债权额，需要向破产的担保人返还超额部分，但主债务人和其他担保人仍需要继续清偿新产生的利息。故需要对债权人的破产债权额和未破产债权额受偿情况分别计算。《担保制度解释》第二十三条仅规定担保人有权要求债权人返还债权超额受偿的部分，尚无法律明确规定债权人的责任。由于信息的不对称，如果债权人和未破产债务人自行和解履行受偿的，则破产管理人或法院难以知晓和约束债权人的“双重受偿”。江苏省高级人民法院民事审判第二庭的《破产案件审理指南（修订版）》“与受理破产申请有关的事项”部分第十三条可供借鉴。该条除了规定法院的执行和破产程序应“做好衔接，避免债权人双重受偿”之外，还进一步规定债权人“应当主动如实报告债权清偿情况，债权人双重受偿的，应承担相应法律责任”。

企业破产法的修改或相关司法解释的出台可以考虑拟定相关条款，衔接《民法典担保制度解释》第二十三条第二款规定。债权人在破产程序中申报债权后，又向其他担保人主张权利的，债权人均负有主动、如实地向法院和破产管理人告知所有债权受偿情况的责任。如因未履行告知义务而超额受偿的，债权人除应返还超额受偿部分及相关利息外，情况严重的，还可能涉及虚假诉讼罪等相关刑事责任。

破产管理人需要注意审查债权人在破产程序外的受偿情况。在债权人申报破产债权后，注意调取债权人的执行案件文书，审查是否存在债权人从他处受偿的情形。在债权人的破产债权确定后，管理人向债权人支付抵押物变价款时，建议再次查询法院执行文书，并通过笔录或承诺

书的形式要求债权人书面报告，是否存在他处受偿的情形。

（二）破产担保人追偿债权的抵销争议和执行衔接问题

担保人处置破产财产并代偿后，可以向主债务人追偿。追偿诉讼中，主债务人可能提出以破产被受理前的债权抵销代偿债务的抗辩。对于追偿诉讼和可能的抵销权抗辩，管理人宜在债权申报期间，及时通知主债务人申报债权，并对其债权的合法性和数额审查确认。否则，在破产分配后再起诉追偿时，法院可能以主债务人的破产债权尚未确定为由，驳回其抵销抗辩，管理人则可能面临耗时更多的主债务人破产债权审查和确认之诉程序。

在代偿债权能否抵销的法律适用问题上，笔者倾向于同意当地法院观点，形成于破产申请被受理后的代偿债权不符合企业破产法第四十条规定的破产抵销权情形。即使主债务人负担代偿债务的原因属于企业破产法第四十条规定的不得抵销的例外情形，也应当先满足该条第一款对破产抵销权的原则性规定。

对于破产担保人追偿案件及其他涉破产案件的执行，笔者认为，管理人可以在法院裁定终结本次执行后申请终结破产程序、办理注销登记并终止执行职务。如果在执行程序终结之日起 2 年内新发现可供执行财产的，破产人的债权人可以作为继受的执行权利人。

如果执行案件在破产终结之日起 2 年内尚未发现可供执行财产的，理论上，法院可以依据企业破产法关于追加分配除斥期间的规定，裁定终结执行程序。实务中，如果再发现可供执行财产的，法院可以先考量可执行财产是否足以覆盖分配费用，在大多数可供执行财产金额较小的情形下，可参照企业破产法第一百二十三条第二款的规定收归国库。相关环节尚需要法律规定的进一步明确及实务界的探讨。

最新法律文件解读丛书

稿　约

最新法律文件解读丛书是一套以为最新法律规范提供同步“解读”为主的系列丛书，分为刑事、民事、商事、行政与执行4个分册，按月出版。

本丛书以“解读”为重点，突出全、专、新、快、准等特点，通过对最新出台的法律、法规、司法解释、部门规章以及重要地方性法规进行同步动态解读，弥补了法律、法规、司法解释汇编类出版物没有同步阐释、解读内容的不足，为广大读者学习理解最新法律规范，正确贯彻执行法律文件，及时解决实践中的新情况、新问题，提供一个全方位、多层面的法律信息平台。

欢迎您向以下栏目赐稿：

【最新法律文件解读】主要是对最新颁行的法律文件进行解读，帮助司法和执法人员正确理解法律文件的立法背景、意义、重点内容、在适用中应注意的问题、与相关法律文件的衔接与互动关系等。

【司法实务问题研究】主要刊登对司法理论、实务及司法管理工作中的热点、疑难问题进行研究及评论的文章。

【新类型疑难案例选评】主要是对司法和行政执法实践中具有典型性和代表性的疑难案例，结合具体案情以及审理或处理结果进行简练精辟的点评，解析认识问题的方法、处理问题的法律依据和在个案中的具体适用。

【法学前沿与新视点】以摘要的形式刊登相关法学理论研究的最新动态及具有代表性和典型性的前沿问题，扩展法学研究的深度和广度。

【法律适用问题解答】主要针对司法和行政执法实践中面临的新问题、热点问题、疑难问题进行简要的解答，指出涉及的法律关系，明确法律适用依据。

稿件一经刊用即付稿酬，稿酬从优。

《刑事法律文件解读》　杨晓燕　邮箱:5184621@ qq. com

《民事法律文件解读》　杨　洁　邮箱:1216921515@ qq. com

《商事法律文件解读》　路建华　邮箱:shangshijiedu@ 126. com

《行政与执行法律文件解读》　丁塞峨　邮箱:1290312696@ qq. com

人民法院出版社

最新法律文件解读丛书编辑部